工业信息安全与发展系列丛书

制造业企业数字化转型路径指引方法与实践

国家工业信息安全发展研究中心系统所　组编

陶炜　主编

电子工业出版社
Publishing House of Electronics Industry
北京·BEIJING

内 容 简 介

本书系统地介绍了数字化转型的背景、重要性、相关理论及其发展历程，系统地阐述了工业化与信息化融合、智能制造、数字化转型的内在逻辑。书中聚焦于原材料、装备制造、电子信息、消费品等关键行业，以典型企业的转型实践为分析基础，以具有代表性的数字化转型解决方案为载体，旨在帮助读者全面理解企业数字化转型的宏观趋势、内在逻辑、实施路径和实际成效。通过案例分析，本书为制造业企业提供了数字化转型的路径和策略建议，指导读者在推动企业数字化转型过程中明确目标、步骤和关键措施，学习行业先进经验，寻找适合自身转型的解决方案和服务商。在实体经济与数字经济深度融合的大背景下，本书旨在有针对性地推动不同领域的企业通过数字化转型来提升竞争力和创新能力。

本书的目标读者群体包括政府部门管理人员、企业的管理人员及技术人员、科研院所的工作人员以及高等院校相关专业师生等。

未经许可，不得以任何方式复制或抄袭本书之部分或全部内容。
版权所有，侵权必究。

图书在版编目（CIP）数据

制造业企业数字化转型路径指引 : 方法与实践 / 国家工业信息安全发展研究中心系统所组编 ; 陶炜主编. 北京 : 电子工业出版社, 2025. 6. -- （工业信息安全与发展系列丛书）. -- ISBN 978-7-121-39546-8
Ⅰ. F426.4-39
中国国家版本馆 CIP 数据核字第 202511BD80 号

责任编辑：张 迪
印　　刷：山东华立印务有限公司
装　　订：山东华立印务有限公司
出版发行：电子工业出版社
　　　　　北京市海淀区万寿路 173 信箱　邮编：100036
开　　本：720×1000　1/16　印张：15.25　字数：292.8 千字
版　　次：2025 年 6 月第 1 版
印　　次：2025 年 6 月第 1 次印刷
定　　价：98.00 元

凡所购买电子工业出版社图书有缺损问题，请向购买书店调换。若书店售缺，请与本社发行部联系，联系及邮购电话：(010) 88254888，88258888。
质量投诉请发邮件至 zlts@phei.com.cn，盗版侵权举报请发邮件至 dbqq@phei.com.cn。
本书咨询联系方式：(010) 88254469，zhangdi@phei.com.cn。

工业信息安全与发展系列丛书编委会

主　任：蒋　艳　尹　浩　方滨兴　邬贺铨

副主任：黄　鹏　周　平　廖　凯　张　格　李　俊
　　　　汪礼俊　陈雪鸿　宋艳飞

成　员：孙　军　王冲华　杨帅锋　唐旖浓　夏宜君
　　　　郜媛莹　张　瑶　刘桂镗　冯　媛　李　彬
　　　　黄蕴华　刘　帅

前言

当前,全球经济正处于新旧动能转换的关键时期,其中,传统增长动力对经济增长的推动作用正在逐步减弱,而以新一代信息技术为代表的新兴技术正在引领制造业企业创新的方向,为企业发展注入革命性的创新动力。制造业企业的数字化转型成为了抓住新一轮科技革命和产业变革新机遇、推动经济和社会高质量发展的必经之路。其本质在于加速新一代信息技术在各个领域的全面应用,充分发挥数据这一关键生产要素的价值,推动制造业企业向数字化、网络化、智能化方向的发展。

从我国与全球发展的关系来看,我国在全球现代化进程中正逐步实现从跟随者到领跑者的转变,并对世界产生越来越大的影响,做出更多的贡献。时代对工业化和信息化发展的要求也在不断演变,工业化与信息化的深度融合、数字化转型、工业互联网等概念应运而生,构建了以信息技术推动工业发展、以工业应用促进信息技术进步的先进机制。加速制造业企业的数字化转型,对于深化供给侧结构性改革、充分发挥我国超大规模市场的优势和内需潜力,具有至关重要的支撑作用,能够为构建新发展格局提供强有力的推动力。

自党的十八大以来,党中央和国务院通过系统性的部署,全面推动制造业企业的数字化转型，持续加强战略层面的顶层设计，统筹规划并指导实施，为政策的落地提供了强有力的支持。2023年12月，工业和信息化部联合相关部门发布了《关于加快传统制造业转型升级的指导意见》；2024年3月，推出了《推动工业领域设备更新的实施方案》；2024年5月，国务院常务会议审议并通过了《制造业数字化转型行动方案》。这些政策举措为我国传统制造业企业的转型升级提供了明确的方向和实施路径。

在国家政策的引领下，各省（自治区、直辖市）均高度重视制造业企业的数字化转型工作，它们结合本地区的发展优势和产业布局，进行统筹规划、积极行动，并采取多项措施，为当地制造业企业的转型发展提供了强有力的政策支持。不同行业根据自身的基础、特色和应用实践，形成了各具特色的发展格局。

近年来，我们专注于工业化与信息化融合、数字化转型、新型工业化等相关领域，支持国家重大战略规划的制定、关键理论问题的分析，为企业转型发展政策设计和方案实施提供支撑，组织信息化和工业化融合管理等领域的标准修订工作，建设和运营全国工业化与信息化融合公共服务平台、工业互联网监测分析平台等，构建了多级联动的公共服务和监测体系。连续六年举办工业互联网大赛，筛选和积累了大量企业转型实践的典型案例和解决方案。针对新形势、新任务，从区域、行业层面加强现状跟踪和态势监测，开展数字化转型进程和价值效益的量化评估，强化监测结果对企业、区域、行业转型实践的指导和决策支持。基于对数字化转型理论体系的梳理，汇总、编撰和归纳重点区域、重点行业的典型实践，以及不同领域重点企业的典型案例，反映我国制造业企业数字化转型的进程、特点和趋势，形成此书，为地方政府、各行业重点企业以及广大中小企业开展数字化转型提供参考。

编著者
2025年6月

目录

总论篇

01 第一章 从两化融合到数字化转型

一、两化融合是中国新型工业化道路的创新方案　　002

二、制造业企业数字化转型是推动经济高质量发展的必由之路　　004

三、制造业企业数字化转型是构建新发展格局的关键支撑　　008

02 第二章 从顶层设计到政策落地

一、国家战略：引领数字化转型的航标　　012

二、区域政策：打造数字化转型新高地　　019

方法篇

03 第三章 两化融合管理体系

一、为企业提供系统性的数字化转型解决方案 …… 038
二、运用两化融合评估规范深化对场景的理解 …… 039

04 第四章 智能制造成熟度评估标准

一、为大中型制造业企业提供系统易用的评价体系 …… 042
二、流程型制造企业，侧重于数据采集和精细化控制能力 …… 044
三、离散型制造企业，侧重于生产集成联动和设计能力 …… 046

05 第五章 中小企业数字化转型评测方法

一、评估方法 …… 049
二、评测维度 …… 050
三、评测指标 …… 052

应用篇——区域

06 第六章 广州："数网绿智"四化转型协同发展

一、顶层设计，规划数产融合转型广州新模式 …… 065
二、因地制宜，开展"四化"赋能专项行动让企业"敢转"更"会转" …… 069

三、一企一策，把脉转型盲点、难点和痛点，靶向产业转型升级　073

07 第七章　深圳：供需对接图谱双向赋能

一、先行先试，建设数字化转型公共服务体系　086

二、助企强链，打造特色供需对接图谱　091

三、强化成效，多维推进数字化转型纵深发展　097

应用篇——行业

08 第八章　材料行业：加快转"智"向"绿"步伐

一、由大向强，面向中高端打造国际影响力　101

二、重重挑战，新形势下转型升级迫在眉睫　105

三、数字筑基，工业互联网赋能行业发展　106

09 第九章　装备制造业：把握数字化机遇　加速向高端攀升

一、装备制造业发挥排头兵作用，引领数字化转型浪潮　115

二、亟须拓展新技术赋能场景，助力装备制造业补短锻长　120

三、多维数字化解决方案，加速装备制造业高质量发展　122

10 第十章　电子信息制造业：以数字化推动　产品精益求精

一、电子信息制造业是我国工业经济的重要组成部分　129

二、电子信息制造业在发展中面临多个维度的问题　131

三、推动数字化转型是解决产业发展问题的重要方式　　135

第十一章　消费品行业：以转型赋能用户　交互体验提升

一、我国消费品行业全球竞争力日益突出　　148
二、我国消费品细分领域和产业集群发展情况　　149
三、我国消费品行业数字化转型面临的痛点和问题　　151
四、我国消费品行业转型需求强烈　　153

应用篇——企业

第十二章　企业数字化转型典型解决方案应用实践

一、面向钢铁企业集群式一体化智慧运营的工业大脑解决方案　　158
二、矿山人机协同智慧大脑管控平台解决方案　　163
三、面向离散型制造业精益智造的数智化解决方案　　173
四、自主数链赋能高端海洋装备高质量交付解决方案　　179
五、高端电子制造企业敏捷智慧质量管控整体解决方案　　187
六、混凝土搅拌行业数字化转型解决方案　　196
七、面向中小离散型制造企业的"自助式低成本"应用搭建方案　　203
八、基于云边端的铁—钢界面智能低碳解决方案　　210
九、工程机械产业链数字化转型解决方案　　218
十、复杂装备行业建圈强链敏捷赋能平台解决方案　　225

总论篇

第一章
从两化融合到数字化转型

我国已经探索出了一条具有中国特色的新型工业化道路，其中"工业化与信息化融合"（简称"两化融合"）是这条道路的本质特征，并且已成为建设制造强国、网络强国和数字中国的历史性选择。《"十四五"信息化和工业化深度融合发展规划》进一步明确了这一点。制造业企业的数字化转型作为新发展阶段两化融合的关键任务，已经成为贯彻新发展理念、推动高质量发展以及构建"双循环"发展格局的重要支撑。

一、两化融合是中国新型工业化道路的创新方案

"新四化"是对现代化进程中出现的一系列挑战和问题的集中求解，也是开启全面建设社会主义现代化国家新征程的重要战略部署。1954年，第一届全国人民代表大会第一次提出了实现工业、农业、交通运输业和国防四个现代化任务。1964年12月，在第三届全国人民代表大会第一次会议上，周恩来总理在政府工作报告中首次提出，要把我国建设成为一个具

有现代农业、现代工业、现代国防和现代科学技术的社会主义强国。习近平总书记在党的十九大报告中，明确强调了"推动新型工业化、信息化、城镇化、农业现代化同步发展"，不断深化对现代化的理解。党的十九届五中全会通过的"十四五"规划纲要明确提出了基本实现新型工业化、信息化、城镇化和农业现代化的时间节点。推动新一代信息技术与制造业融合发展，是基于中国国情做出的必然选择，而两化融合发展则是我国探索中国特色新型工业化道路的成功实践。《中共中央关于制定国民经济和社会发展第十四个五年规划和二〇三五年远景目标的建议》进一步明确了这一发展方向。

推动新型工业化、信息化、城镇化和农业现代化同步发展，意味着在现代化进程中，各领域之间的相互关联与融合越来越紧密，共同形成一个完整的现代化体系。工业化是现代化的前提和基础，信息化则是现代化的战略引擎。在"新四化"中，信息化领域发挥着重要作用，它是构建现代产业体系、建设现代化强国的关键领域。

两化融合发展是我国在历史进程中探索出的独特方案。西方发达国家完整地经历了机械化、电气化和自动化三次工业革命，积累了坚实的产业基础和技术储备。在完成工业化之后，它们自然过渡到了信息化发展阶段。然而，我国的现实情况决定了无法简单地复制西方国家从工业化到信息化的发展路径。一方面，信息化浪潮来临时，我国的制造业仍处于发展阶段，工业化任务尚未完全完成；另一方面，尽管我国自建国初期便启动了社会主义工业化进程，但与西方发达国家相比，我国起步较晚，基础薄弱，技术相对落后，同时面临的社会环境也存在较大差异。

从我国与全球发展的关系来看，我国在全球现代化的进程中正逐渐从跟随者向领跑者转变，并对世界产生越来越大的影响，作出更多贡献。时代对工业化和信息化发展的要求也在不断变化，两化融合应运而生、因时而起，构建了以信息技术进步推动工业发展、以工业应用促进信息技术进步的先进机制。在这一不断变化的过程中，两化融合不断调整以适应不同阶段的发展需求，成为信息技术与工业技术融合应用的过程，并且成为中国特色新型工业化道路的本质特征之一。

二、制造业企业数字化转型是推动经济高质量发展的必由之路

制造业企业数字化转型是抓住新一轮科技革命和产业变革新机遇、推动经济高质量发展的必经之路。党的二十届三中全会将"健全促进数字经济和实体经济深度融合制度"列为推动经济高质量发展体制机制的重要内容，这为制造业企业数字化转型指明了前进方向，并提供了根本遵循的原则。

（一）技术创新是制造业企业数字化转型的驱动力量

当前，全球经济正处于动能转换的关键时期，传统增长引擎对经济的推动作用正在逐渐减弱，新一代信息技术正在引领制造业创新的新方向。工业互联网平台，作为新一代信息技术与制造业深度融合的产物，扮演着数据资源核心枢纽的角色，它支撑工业数据的采集、汇聚、分析和挖掘，推动制造资源的广泛连接、弹性供给和高效配置。同时，工业互联网平台还支持生产组织模式、商业运行逻辑和价值创造机制的深刻变革，是制造业企业数字化转型的重要基础设施。

工业互联网平台驱动数据的汇聚与流通。 该平台能够整合工业体系与

价值链，推动数据的流通与分析，固化行业知识，并为数据、知识模型等提供低成本的存储、计算和安全保障资源。同时，平台为数据流通闭环提供通道，通过打造工业数据枢纽，打通企业内部、供应链上下游及供应链之间的数据孤岛，为优化制造工艺、质量管理、设备维护和能源管理等场景应用提供强有力的数据支撑。**技术创新能够激发制造业领域的管理创新**。鉴于工业数据空间的潜力巨大，从底层到应用、从软件到硬件、从架构到实施，产业各方需要紧密协作，共同应对管理复杂性和成本急剧增加的挑战。借助工业互联网平台，不仅可以实现对生产运营全过程的动态监控、精准分析和智能决策，还能优化生产流程与资源配置，促使管理者跳出传统思维框架，探索更加灵活高效的管理策略与方法。这将有助于企业在激烈的市场竞争中保持领先地位，并为企业实现可持续发展提供强大动力。

（二）绿色低碳是制造业企业数字化转型的必然方向

碳达峰碳中和战略目标引领了经济和社会全面向绿色转型。制造业作为我国经济增长的重要引擎，在推动经济发展的同时，也是能源消耗和碳排放的主要来源。在数字经济与实体经济深度融合的大背景下，传统制造业推进数字化与绿色化协同转型，这不仅是提升自身竞争力的迫切需求，也是响应国家战略、促进经济和社会全面绿色转型的必然选择。

通过数字技术赋能产业转型升级和新业态发展，可以加速实现碳达峰碳中和目标，从而推动经济的高质量发展。将数据作为新兴生产要素融入能源消耗和碳排放管理，利用算法精确捕捉与即时响应减排需求，有助于减少资源消耗，推动高能耗、高排放的传统制造业企业实现从原料到产品的全链条的清洁化与节能化转型。此外，绿色政策的发布与绿色标准的建立，能够激励传统制造业企业积极应用数字技术，实施工业流程再造。生产方式的数字化升级不仅促进了制造业企业的绿色转型，也推动了新型产业生态的形成，为实现可持续发展奠定了坚实基础。

（三）人工智能是制造业企业数字化转型的应用趋势

随着人工智能大模型、大数据等新一代信息技术的迅猛发展，我们已步入通用人工智能时代，开启了"百模千态与行业场景融合"、人工智能赋能"千行万业"的新时代。推动人工智能赋能新型工业化，已成为我国制造业企业数字化转型和智能化升级的重要技术路线。更多的传统制造业企业加入数字化转型队伍，加速人工智能技术与先进制造技术的深度融合，推动生产和运营方式的智能化转型，逐步实现全面的智能化升级。

通过技术和产品的创新，不断提升可穿戴设备、移动智能终端、智能家居、智能机器人、智能网联汽车等产品的智能化水平，这不仅能够更好地满足人民群众日益增长的消费需求，还能创造新需求、拓展新市场、开辟新的增长领域。例如，智能网联汽车作为汽车、电子、信息通信、道路交通运输等行业深度融合的创新产品，展现出广阔的发展前景，推动了整个产业链的升级与发展。另一方面，在新技术规模化应用的过程中，以人工智能为代表的建模分析技术通过深度挖掘数据中隐含的信息，突破了传统依赖科学理论、仿真实验及经验判断的工业问题解决方式，形成了数据驱动决策的新范式。这一转变促进了信息技术与工业技术的双向反馈与融合，加速了信息技术的迭代升级与可持续创新。

（四）制造业企业数字化转型是大中小企业融通发展的"关键之钥"

我国正处于由中等收入国家向高收入国家迈进的关键阶段，国际经验表明，伴随着发展不协调等诸多问题短板，这一阶段往往是各种矛盾集中爆发的时期。高质量发展是"十四五"乃至更长时期我国经济社会发展的主题，加快建设现代化经济体系，着力提高全要素生产率。大中小企业的融通发展是构建现代化经济体系的重要内容，是推进产业高质量发展的关键环节。

例如，工业互联网作为推进企业数字化转型的关键路径，能够有效连接企业资源，打破沟通壁垒，促进数据互信，推动企业协同创新与生产，为大中小型企业的融通发展提供了清晰的路径。**帮助大型企业稳固"链主"地位**。大型企业具备较强的数字化转型研发能力，在关键领域和核心技术环节的自主创新能力突出，通过建设工业互联网平台，实现全要素、全流程、全生态的高水平数字化转型，并通过平台输出成熟产品和行业数字化经验。**助力中小型企业融入产业生态圈**。中小型企业数量众多、分布广泛，数字化转型基础薄弱且需求多样化，长期面临"不愿转、不敢转、不会转"的问题。通过推动大型企业建设平台、中小型企业使用平台，并以园区或产业集群为单位，推动中小型企业集体接入平台，持续促进大中小型企业的融合发展，助力其协同并进。

（五）共享智造是制造业企业数字化转型的创新模式

当前，共享经济在消费行业已呈现出蓬勃发展的态势，但在制造行业，消费行业的共享模式难以直接套用。一方面,制造行业属于重资产行业,技术壁垒较高,进入门槛严格;另一方面,制造行业细分领域众多,即便是在同一行业、同一企业、同一车间,所使用的设备和场景也可能存在差异。尽管如此,随着新模式和新业态的不断涌现,制造资源和能力的连接与共享逐渐成为可能,推动着制造业企业数字化转型的深入发展。

设备上云将共享愿景转化为现实。工业设备具有价值高、重量大、体型庞大等特点,在物理空间上共享存在较大难度。然而,工业互联网和云计算的应用帮助工业企业实现了设备资源的共享。通过云端与终端的协同,重资产设备得以上云,成为平台和网络中的活跃节点,为共享发展奠定了基础。**IT 和 OT 技术的协同应用打破了传统的数据孤岛**。IT 与 OT 技术的深度融合,将企业内部的信息管理、数据分析与生产现场的运营、设备监控数据的交换与集成相结合,显著提升了生产效率并降低了运营成本。例如,5G 的超大带宽、超低时延及超强移动性为远程感知与交互提供了重要保障。融合 5G 技术的智能摄像机在机器视觉质检、智能巡检、智能理货、设备监控等多个场景中,实现了无人盯防、无人巡检等功能,显著提升了生产效率和装备智能化水平。

三、制造业企业数字化转型是构建新发展格局的关键支撑

在新的发展形势和环境下,国家提出加快构建以国内大循环为主体、国内国际双循环相互促进的新发展格局。这一战略抉择是基于当前及未来一段时期国内外环境变化的深刻考量。加速制造业企业数字化转型,对于深化供给侧结构性改革、充分发挥我国超大规模市场优势和内需潜力,具

有至关重要的支撑作用，能够为构建新发展格局提供强有力的推动力。

（一）加速供给侧结构性改革，焕发制造业新活力

推动传统产业的效能提升与变革。 推动传统产业效能的提升与变革对于提升整体产业水平至关重要。通过对传统产业中的研发设计工具、装备、产线、工艺等关键领域进行数字化升级改造，可以培育出先进的制造模式，提升供给能力，并有效增强精益制造、柔性制造与敏捷制造能力。在研发设计环节，利用数字化手段提升设计接口的兼容性，能够显著降低研发成本、提升研发效率，并加速新产品的市场推向速度；在生产现场，通过实现对设备、产线、车间及工厂的全方位网络连接与智能管控，不仅优化工艺参数，还能提升生产线的整体效率；在品控环节，借助 AI 视觉等技术的应用，质检效率和质量得到了显著提升，从而提高了良品率。

激发新兴产业的创新动力与活力。 新一代信息技术，如人工智能和云计算等，正在为产业带来革命性的创新动力。通过不断改进算法与机器学习方法，远程实时调用数据资源和计算能力，可以充分发挥数据要素的作用。特别是在新能源、通信等领域，借助新一代信息技术的优势，不仅能够巩固和提升行业的国际领先地位，增强产业竞争力，还能加速产业链供应链的现代化进程。在产业优势领域精耕细作，培育出具有"专精特新"特色的"小巨人"企业，进而打造更多具有核心竞争力的"杀手锏"技术。

助力构建并培育现代产业体系。 新一代信息技术推动产业链从传统的线性结构向网络化结构转型。数据要素正在促进工业行业自主体系产生"化学反应"，原本清晰的组织界限逐渐模糊，合作不仅仅出现在上下游，还向更广泛的空间拓展。同行企业从原本的竞争关系转向竞合关系（Co-opetition），个人消费者成为参与产品设计和制造的产消者

（Pro-consumer）。产业网络逐渐成型，重新定义了人与人、人与物、物与物之间的关系。

（二）促进拉动内需提振消费，点燃市场新引擎

借助信息消费新模式推动需求升级。近年来，信息消费已成为有效扩大内需、拉动经济增长的重要动力。远程医疗、在线教育、智慧养老、数字内容等新消费模式发展迅猛，不仅成为引领消费升级的重要引擎，而且孕育了新的经济增长点。例如，在传统线下消费受到限制的情况下，云游戏、云旅游、云展览、直播电商等信息消费模式逆势增长，充分满足了人们的日常生活需求，助力国内消费的恢复与升级，确保了国内循环的畅通。

融合线上线下渠道拓宽需求领域。一方面，线上线下深度融合。例如，九阳股份与天猫平台合作推出C2M（用户直连制造）模式，通过共享淘宝和天猫的消费数据，精准预测销售趋势和个性化需求，拓展全渠道营销，提升用户体验；同时，在线下升级工厂柔性制造系统，快速组织设计、采购、生产、配送等协同响应，有效缩短新品研发周期和上市时间。另一方面，线上业务向线下延伸。平台企业抓住流通领域全渠道变革的机遇，积极向线下拓展实体业务。例如，阿里的盒马鲜生、京东的7FRESH积极打造"食品超市+餐饮+App电商+物流"一体化经营模式，为消费者提供便捷服务，培育新的消费增长点。

（三）助力构建新型国际关系，开拓国际新视野

数字化转型助力企业融入国际市场。随着电子商务、智能物流、数字

服务等企业积极拓展海外业务，一批具有全球资源配置能力的企业脱颖而出。这些企业通过多种方式实现境外本土化经营，建立了覆盖全球的贸易、仓储和物流网络，助力传统企业拓展国际市场、降低物流成本，并推动高质量共建"一带一路"。

数字化转型已成为企业提升国际竞争力的加速器。随着制造业企业数字化进程的加快，工业大数据业务持续增长，数据跨境流动日益频繁，数据治理逐渐成为国际竞争的焦点。数字化标准的重要性愈加突出，尤其是在推动全球治理格局重构方面发挥着关键作用。一方面，利用我国在数字化基础设施方面的优势，推动企业与"一带一路"共建国家在5G、数字供应链和工业互联网等数字新基建领域深化合作，打造功能完备的数字贸易国际港和全球数字贸易网络，扩大双向贸易与投资，推动新一轮高水平对外开放。另一方面，加快数字贸易便利化、电子认证互认、数据跨境流动与知识产权保护，完善数据治理机制，有助于培育世界级数字产业集群，深化国际产能合作，实现从产品输出向产业输出的转变，形成更具创新力、更高附加值、更安全可控的产业链供应链体系。

第二章
从顶层设计到政策落地

一、国家战略：引领数字化转型的航标

自党的十八大以来，党中央和国务院通过系统部署，全面推进制造业企业的数字化转型，不断强化战略顶层设计，统筹规划并指引实施，为推动政策落地提供了有力支撑。当前，制造业企业数字化转型的战略部署和政策体系已经初步形成，为建设制造强国、网络强国以及数字中国提供了坚实的基础，进一步推动国家经济结构的优化和高质量发展。

（一）战略上强化顶层设计，用好转型发展指挥棒

党的十八届三中全会开启了全面深化改革的新时代，为我国改革开放开创了全新局面。党中央坚决破除体制机制中的各类弊端，推动改革由局部探索和破冰突围向系统集成和全面深化转变。

以习近平总书记为核心的党中央高度重视数字化发展，明确提出数字中国战略。2015年12月，习近平总书记在第二届世界互联网大会开幕式上，首次提出推进"数字中国"建设。同年印发的《国家信息化发展战略纲要》指出，"加快建设数字中国、大力发展信息经济是信息化工作的重中之重"，并将"数字中国建设取得显著成效"作为信息化发展的总目标。党的十九大提出要"建设制造强国、质量强国、航天强国、交通强国、网络强国、数字中国"。《中华人民共和国国民经济和社会发展第十四个五年规划和2035年远景目标纲要》将"加快数字化发展 建设数字中国"单独成篇，部署了加快建设数字经济、数字社会、数字政府等一系列新要求，以数字化转型整体驱动生产方式、生活方式和治理方式变革，为我国新时期数字中国建设指明了方向。

加快建设数字中国是发挥信息化驱动引领作用、推进中国式现代化的必然选择。党的二十大擘画了全面建设社会主义现代化强国、以中国式现代化全面推进中华民族伟大复兴的宏伟蓝图，特别高度重视信息化和数字化发展，提出了加快建设网络强国、数字中国的一系列新要求，并作出了新的部署。习近平总书记在党的二十大报告中指出，"加快发展数字经济，促进数字经济和实体经济深度融合"。新一代信息技术与各产业的结合，形成了数字化生产力和数字经济，成为现代化经济体系发展的重要方向。这不仅是抓住新一轮科技革命和产业变革的机遇、抢占未来产业竞争制高点的战略选择，也是建设现代化产业体系、推动高质量发展的核心任务。

推动改革和发展高效联动，进一步塑造发展的新动能和新优势。党的二十届三中全会是党的十八届三中全会以来全面深化改革的重要实践延续，也是新征程中推进中国式现代化的崭新时代篇章。全会审议通过的《中共中央关于进一步全面深化改革、推进中国式现代化的决定》指出，坚持以新发展理念引领改革，完善推动高质量发展的激励约束机制，尤其是创造性地提出健全因地制宜发展新质生产力体制机制，将不断塑造发展新动能新优势，为高质量发展注入全新动力。推动高质量发展，实体经济是坚实支撑，数字经济是重要驱动力量。全会提出了"健全促进数字经济和实体经济深度融合制度""加快构建促进数字经济发展体制机制""完善促进数字产业化和产业数字化政策体系"等一系列重要任务。这些举措不仅为持续推进数字经济与实体经济深度融合提供了根本遵循，也为快速破题起势、释放助力中国式现代化建设的有效动能指明了方向，展现了新的期待。

（二）规划上统筹战略部署，定好转型发展路线图

《"十四五"数字经济发展规划》是我国在数字经济领域的首部国家级专项规划。2022年1月12日，国务院发布的《"十四五"数字经济发展规划》（以下简称《规划》）明确指出，到2025年，数字经济核心产业增加值占国内生产总值的比重将达到10%，数据要素市场体系初步建立，产业数字化转型迈上新台阶，数字产业化水平显著提升，数字化公共服务更加普惠均等，数字经济治理体系更加完善。《规划》还从八个方面对"十四五"时期数字经济的发展作出总体部署，包括优化升级数字基础设施、充分发挥数据要素作用、大力推进产业数字化转型、加快推动数字产业化、持续提升公共服务数字化水平、健全完善数字经济治理体系、着力强化数字经济安全体系、有效拓展数字经济国际合作等。这一规划的出台为我国各行业明确了数字经济发展的目标，助力提升我国数字经济的整体实力，推动数字经济高质量发展。

各部门先后出台了一系列专项规划，推动数字化转型稳步发展。 2021年11月30日，工业和信息化部印发了《"十四五"信息化和工业化深度融合发展规划》，全面部署了"十四五"时期两化深度融合发展的工作重点，加速制造业的数字化转型，并持续推进两化深度融合这一重要任务。2021

年 12 月 21 日，工业和信息化部等八部门联合印发了《"十四五"智能制造发展规划》，明确了"十四五"时期智能制造发展的总体要求、主要目标、重点任务和保障措施，并将数字化转型视为智能制造发展的核心驱动力。2022 年 11 月 9 日，科技部发布了《"十四五"国家高新技术产业开发区发展规划》，进一步明确了"十四五"时期国家高新区的发展思路和重点任务。在新兴产业发展方面，《"十四五"机器人产业发展规划》《"十四五"大数据产业发展规划》《"十四五"软件和信息技术服务业发展规划》等专项规划，部署了推进信息产业发展的重点任务和重大工程，明确了产业发展目标，推动了信息技术产业的健康发展。

《数字中国建设整体布局规划》框定了未来数字化发展的"四梁八柱"。2023 年 2 月 27 日，《数字中国建设整体布局规划》(以下简称《规划》)正式印发，指出建设数字中国是数字时代推进中国式现代化的重要引擎，也是构筑国家竞争新优势的有力支撑。《规划》明确了两个重要时间节点：到 2025 年，基本形成横向打通、纵向贯通、协调有力的一体化推进格局，数字中国建设取得重要进展；到 2035 年，数字化发展水平进入世界前列，数字中国建设取得重大成就。此外，《规划》还明确了数字中国建设"2522"的整体框架，即夯实数字基础设施和数据资源体系"两大基础"，推进数字技术与经济、政治、文化、社会、生态文明建设"五位一体"深度融合，强化数字技术创新体系和数字安全屏障"两大能力"，优化数字化发展国内国际"两个环境"。这一系列举措将推动数字中国建设进一步提速，数字技术将在各行各业加速落地，数字经济与实体经济将持续向深、向广融合，助力我国产业实现高端化、智能化、绿色化发展。

（三）政策上落实规划安排，把稳转型发展导航仪

为确保战略目标的顺利实现，国务院及各相关部门已构建了完善的数字化转型政策框架和体系，涵盖多个领域，包括数字基础设施建设、技术创新支持、数据安全与隐私保护等政策。这些政策共同构成了推动数字化转型的政策体系，旨在为数字经济与实体经济的深度融合提供有力保障。

1. 数字基础设施建设是支撑数字化转型的重要基石

数字基础设施的建设和数字技术的普及应用，直接决定了数字技术与实体经济深度融合的程度。我国产业充分发挥新型举国体制的优势，统筹规划数字行业基础设施建设，顺应技术发展趋势，加速构建高效、泛在、天地一体、云网融合、智能敏捷、绿色低碳、安全可控的智能化综合基础设施。这些举措为推动数字经济与实体经济的深度融合提供了坚实的基础支撑。

数字化转型对数字基础设施建设的需求不断提升。为此，国务院及相关部门相继出台了一系列政策文件。在 IPv6 建设方面，发布了《推进互联网协议第六版（IPv6）规模部署行动计划》《IPv6 端到端贯通能力提升专项行动》《关于推进 IPv6 技术演进和应用创新发展的实施意见》等政策文件，推动 IPv6 在网络各环节的部署与应用，加速提升我国互联网 IPv6 发展水平。

在物联网方面，发布了《关于深入推进移动物联网全面发展的通知》《物联网新型基础设施建设三年行动计划（2021—2023 年）》及《物联网新型基础设施标准体系建设指南（2023 版）》等政策文件，大力推进物联网基础设施建设，深入拓展物联网在传统产业中的应用。

在 5G 网络方面，自 2019 年 6 月工业和信息化部正式发放 5G 牌照以来，发布了《工业和信息化部关于推动 5G 加快发展的通知》《5G 应用"扬帆"行动计划（2021—2023 年）》等政策文件，加快推动 5G 网络建设和商业化应用，努力建设全球规模最大的 5G 移动网络。

在数据中心建设方面，印发了《关于加快构建全国一体化大数据中心协同创新体系的指导意见》《新型数据中心发展三年行动计划（2021—2023 年）》《数据中心绿色低碳发展专项行动计划》等政策文件，推动数据中心基础设施建设的协同布局与绿色低碳发展。

2. 数据是驱动数字化转型的关键要素

随着经济活动的数字化转型加速，数据在提高生产效率方面的乘数效应日益显现，已成为最具时代特征的生产要素。针对数据爆发增长和海量集聚的特点，应做好数据资源的开发、利用和保护，充分挖掘数据资源的潜力，更好地发挥其作为基础资源和创新引擎的作用。

数据要素市场基础制度配套政策逐步完善。2022 年年底，中共中央、国务院发布《关于构建数据基础制度更好发挥数据要素作用的意见》（"数据二十条"），从数据产权、流通交易、收益分配、安全治理四个方面，对构建我国数据基础制度进行了全面部署。2023 年 10 月国家数据局挂牌成立，从国家层面协调推进数据基础制度建设，统筹数据资源整合共享和开发利用。《"数据要素×"三年行动计划（2024—2026 年）》为充分发挥数据要素乘数效应，赋能经济社会发展提供了政策指引。数据资产、数据交易、数据标注等数据要素市场基础制度配套政策，可以加强数据要素应用场景指引，保障数据要素规范有序流通，保证数字治理现代化水平的提升。

规范化数据安全管理逐步实现。我国先后颁布并实施了《中华人民共和国网络安全法》《中华人民共和国数据安全法》《中华人民共和国个人信息保护法》《关于构建数据基础制度更好发挥数据要素作用的意见》《网络数据安全管理条例》等一系列法律法规与规范性文件，构成了数据安全领域的顶层法律框架，并逐步建立与完善了我国的数据安全规范化管理体制机制，保障数据安全和市场公平竞争。

3. 制造业企业数字化转型是产业结构调整和新旧动能转化的重要力量

对于传统制造业，重点在于推动其在智能制造、绿色制造等关键领域的转型升级；而对于新兴产业，则需要加大支持力度，促进其快速发展壮大。通过分类施策，产业政策能够更加精准地激发各行业的活力，推动数字化转型的深入发展。近期，相关政策密集出台，为传统产业带来了新一轮发展的"春天"。

2023年12月，工业和信息化部会同有关部门联合印发了《关于加快传统制造业转型升级的指导意见》；2024年4月，发布了《推动工业领域设备更新实施方案》；2024年5月，国务院常务会议审议通过了《制造业数字化转型行动方案》。这些政策举措为我国传统制造业企业的转型升级提供了明确的方向和实施路径。

在政策的引导和支持下，我国传统制造业企业将加速向高端化、智能化、绿色化和融合化方向转型，进一步提升在全球产业分工中的地位和竞争力。

作为引领未来发展的新支柱和新赛道，新兴产业得到了政策的积极支持。国务院及相关部门相继出台了《工业互联网创新发展行动计划（2021—2023年）》《全国一体化大数据中心协同创新体系算力枢纽实施方案》《车联网（智能网联汽车）产业发展行动计划》等政策文件，积极推动新一代信息技术、新能源汽车、人工智能等领域的发展，旨在提高科技成果转化率和转化效果，加速新技术的商业化应用，促进产业生态的建设与发展。

二、区域政策：打造数字化转型新高地

在国家政策的引导下，各省（自治区、直辖市）高度重视推动制造业企业数字化转型，结合本地区的发展优势和产业布局，统筹规划、积极行动、采取多项举措，为当地制造业企业的转型发展提供了有力的政策保障。

（一）京津冀：以北京为核心，携手打造区域化数字化转型的先行、智行样板

根据《京津冀协同发展规划纲要》，京津冀地区的整体定位为"以首都为核心的世界级城市群、区域整体协同发展改革引领区、全国创新驱动经济增长新引擎、生态修复环境改善示范区"。这一定位充分体现了京津冀三地"一体化"的发展理念，强调了功能互补、错位发展和相互促进的协同发展原则。

为了更有效地推进三地协同发展，北京、天津、河北三地根据自身优势进行了差异化定位，以北京为核心，带动天津和河北的发展，逐步形成以北京为中心的京津冀协同发展区。围绕这一区域定位，京津冀地区建立了"一个中心、五区、五带和若干特色基地"的产业发展格局，初步实现了产业集聚与协同效应。

1. 北京市发挥高精尖产业优势，建设全球数字经济标杆城市

北京市持续完善数字经济领域的政策体系，出台了一系列相关文件，

包括《数字经济领域"两区"建设工作方案》《北京市数据中心统筹发展实施方案（2021—2023年）》《北京市数字经济全产业链开放发展行动方案》等，以推动数字经济新体系的构建。

《北京市"十四五"时期智慧城市发展行动纲要》提出，到2025年，北京将建设成为全球新型智慧城市的标杆城市。北京市将通过建设高效规范的城市感知体系，巩固城市数字基础设施，提升整体数据治理能力，推动全域场景的智慧化应用，力争实现"智慧城市"和"智慧治理"的深度融合。通过增强城市科技创新和开放生态，全面提升城市安全保障能力，优化数字经济发展软环境，北京市将打造一个根基坚韧、高效协同的智慧城市体制，助力数字政府和数字社会的建设。这不仅将为京津冀协同发展提供有力支撑，还将推动"一带一路"国际合作的高质量发展。

为进一步推动数字经济发展，北京市还发布了《北京市加快数字人才培育支撑数字经济发展实施方案（2024—2026年）》，为实现数字经济转型提供人才保障。

北京市推动高精尖产业加速数字化转型。北京市充分利用其高精尖产业的优势，积极推进这些产业的数字化转型。围绕"高精尖"产业体系和"科技创新中心"建设，北京市持续激发高精尖产业的创新活力，推动产业结构优化，提升发展潜力。根据《北京市"十四五"时期高精尖产业发展规划》，到2025年，北京市高精尖产业增加值预计将占地区生产总值的比重超过30%，并形成4个万亿至5个万亿级产业集群。

在此基础上，2021年，北京市提出了包括卫星网络、高端仪器装备、智能网联汽车等在内的产业发展行动计划，旨在进一步提升高精尖产业的核心竞争力。这些举措将为北京市建设国际科技创新中心和全球数字经济标杆城市打下坚实基础。

推进北京市制造业企业的数字化转型。《北京市制造业数字化转型实施方案（2024—2026年）》提出，要加速国际科技创新中心建设，紧扣首都的战略定位，聚焦"2441"高精尖产业体系的建设。该方案以智能制造为主攻方向，数字化赋能为重要手段，重点推动"新智造 100"工程的实施。通过平台、产业链和园区的联动，推动制造业企业的数字化转型，遴选并推广数字化转型的优秀解决方案、智能装备和工业软件创新应用，力争实现规模以上制造业企业全面数字化达标。同时，北京市将努力在人工智能创新应用和数字化转型领域树立标杆示范，推动新型工业化道路的探索与发展，促进产业结构的优化升级。

北京市推进制造业企业数字化转型的相关政策文件见表 2-1。

表 2-1 北京市推进制造业企业数字化转型的相关政策文件

发布时间	文件名称
2020.9	《北京市促进数字经济创新发展行动纲要（2020—2022 年）》
2021.2	《数字经济领域"两区"建设工作方案》
2021.3	《北京市"十四五"时期智慧城市发展行动纲要》
2021.4	《北京市智能网联汽车政策先行区总体实施方案》
2021.4	《金融支持北京市制造业转型升级的指导意见》
2021.4	《北京市数据中心统筹发展实施方案（2021—2023 年）》
2021.7	《北京市"十四五"信息通信行业发展规划》
2021.8	《北京市"十四五"时期高精尖产业发展规划》
2021.8	《北京市"新智造 100"工程实施方案（2021—2025 年）》
2021.11	《关于支持发展高端仪器装备和传感器产业的若干政策措施》
2021.12	《北京市关于促进"专精特新"中小企业高质量发展的若干措施》
2022.5	《北京市数字经济全产业链开放发展行动方案》
2024.2	《北京市制造业数字化转型实施方案（2024—2026 年）》

2. 天津市深化数字赋能与实体经济双效融合，加快制造强市建设

《天津市新型基础设施建设三年行动方案（2021—2023 年）》提出，到 2023 年，天津市将基本建成一个广泛互联、全域感知、数据融合、创新协同、安全可靠的新型基础设施体系，为经济的高质量发展和城市的高效能

治理提供重要支撑。为了促进数字经济与实体经济的深度融合，天津市于 2021 年 5 月发布了《天津市制造强市建设三年行动计划（2021—2023 年）》，明确提出通过实施六项重点工程，以更高的站位、更大的力度、更实际的举措建设制造强市，推动制造业的高质量发展。

随着相关政策的陆续出台，天津市加快了制造业企业的数字化转型与智能化升级。《天津市制造业数字化转型三年行动方案（2021—2023 年）》《天津市加快数字化发展三年行动方案（2021—2023 年）》《天津市智能制造发展"十四五"专项规划》《天津市智慧城市建设"十四五"规划》等一系列政策文件的发布，为加快建设制造强市提供了强有力的政策保障。

为大力发展战略性新兴产业，天津市还发布了《天津市产业链高质量发展三年行动方案（2021—2023 年）》。该方案聚焦重点产业和关键领域，以产业链为切入点，集中攻坚信息技术应用创新、集成电路、车联网、生物医药、新能源、新材料、高端装备、汽车和新能源汽车、绿色石化、航空航天十条产业链。全面实施"链长制"，通过加强关键环节的串联、补齐薄弱环节、强化优势环节，着力提升产业规模、优化产业布局、提升产业能级和增强产业竞争力，为天津市建设制造强市提供坚实的产业支撑。

天津市推进制造业企业数字化转型的相关政策文件见表 2-2。

表 2-2　天津市推进制造业企业数字化转型的相关政策文件

发布时间	文件名称
2021.2	《天津市新型基础设施建设三年行动方案（2021—2023 年）》
2021.5	《天津市产业链高质量发展三年行动方案（2021—2023 年）》
2021.5	《天津市制造强市建设三年行动计划（2021—2023 年）》
2021.12	《天津市制造业数字化转型三年行动方案（2021—2023 年）》
2021.8	《天津市加快数字化发展三年行动方案（2021—2023 年）》
2021.12	《天津市智慧城市建设"十四五"规划》
2022.1	《天津市一体化政务服务平台移动端建设工作方案（2022—2023 年）》
2023.4	《天津市推动制造业高质量发展若干政策措施》

3. 河北聚焦传统产业改造升级和新模式新业态培育,赋能制造业高质量发展

为把握新一轮科技革命和产业变革带来的机遇,并充分利用京津冀协同发展及雄安新区建设的巨大潜力,河北省正积极推动经济的转型与升级。2020年4月19日,河北省人民政府依据国家数字经济发展战略纲要,发布了《河北省数字经济发展规划(2020—2025年)》。这一规划旨在推动实体经济与数字经济的深度融合,抢占科技革命和产业变革的新机遇,加速河北省经济的转型升级,实现高质量的发展,具有重要的战略意义。

2021年,河北省陆续出台了一系列政策文件,包括《关于大力发展工业互联网平台加快推进工业化和信息化深度融合的工作方案》《河北省一体化政务服务平台移动端建设方案》《河北省科技创新"十四五"规划》《加快建设数字河北行动方案(2023—2027年)》等。这些政策文件旨在推动数字技术与实体经济的深度融合,促进数字基础设施的适度超前建设,加强数字经济发展,提升数字社会治理体系,并通过优化公共服务体系,拓展新的发展空间。这些举措为河北省融入新发展格局、建设现代化经济体系提供了有力支撑。

2023年4月,河北省人民政府出台了《河北省人民政府关于加强数字政府建设的实施意见》。该意见通过广泛应用数字技术,优化政府科学决策与管理服务,进一步推动数字政府建设。这一举措为河北省高质量发展注入了新的动力,并引领数字河北建设迈向新高度。

河北省推进制造业企业数字化转型的相关政策文件见表2-3。

表2-3 河北省推进制造业企业数字化转型的相关政策文件

发布时间	文件名称
2021.6	《关于大力发展工业互联网平台加快推进工业化和信息化深度融合的工作方案》
2021.11	《河北省科技创新"十四五"规划》

续表

发布时间	文件名称
2021.12	《河北省一体化政务服务平台移动端建设方案》
2022.7	《河北省县域特色产业集群"领跑者"企业培育行动方案》
2023.1	《加快建设数字河北行动方案（2023—2027年）》
2023.4	《河北省人民政府关于加强数字政府建设的实施意见》
2023.9	《关于促进电子信息产业高质量发展的意见》

（二）长三角：以数据要素为驱动，探索形成各具特色的数字化转型路径

当前，长三角地区已形成以数字经济驱动整体经济社会快速发展的局面。三省一市根据各自的愿景目标与发展理念，充分发挥自身优势，积极探索并逐步形成具有特色的城市数字化转型路径。

1. 上海市充分发挥产业优势和区位优势，加快建设具有世界影响力的国际数字之都

上海市以"加快建设具有世界影响力的国际数字之都"为目标，依据《上海市全面推进城市数字化转型"十四五"规划》，依托城市数字化转型，不断提升城市能级和核心竞争力。《关于全面推进上海城市数字化转型的意见》聚焦于经济、生活与治理三大领域，以重点应用与关键场景为引领，推动城市数字化转型的整体布局。面对数字技术的快速迭代、外部风险挑战以及来自其他省市的激烈竞争，上海市通过加强制度建设与标准建设，牢牢掌握数字化发展的主动权。

在**制度建设**方面，自2022年以来，上海市率先出台了《上海市促进人工智能产业发展条例》《上海市浦东新区促进无驾驶人智能网联汽车创

新应用规定》等政策文件，为新兴产业的发展提供了有力支撑。同时，上海市发布了多个针对元宇宙、智能终端、智能网联汽车等领域的行动方案，包括《上海市培育"元宇宙"新赛道行动方案（2022—2025年）》和《上海市促进智能终端产业高质量发展行动方案（2022—2025年）》，推动相关产业的高质量发展。此外，上海市还前瞻性地布局了通用人工智能大模型的研发与创新应用，为未来的技术创新和产业升级奠定了坚实基础。

在**标准建设**方面，上海于2022年发布了《上海城市数字化转型标准化建设实施方案》。该方案指出，到2023年年底，新增发布100项以上城市数字化转型地方标准及团体标准，主导或参与制定50项以上国际标准与国家标准，形成15项以上"上海标准"，推动50项以上数字化转型标准化试点，有效支撑上海市的城市数字化转型。

2023年，上海市人民政府发布了《上海市推动制造业高质量发展三年行动计划（2023—2025年）》，旨在加速制造业的高质量发展进程。随后，《上海市推动制造业数字化和绿色化协同转型发展行动方案（2024—2027年）》的制定进一步加强了上海市制造业企业的数字化转型，推动现代化产业体系的完善，培育新质生产力。

上海市推进制造业企业数字化转型的相关政策文件见表2-4。

表2-4 上海市推进制造业企业数字化转型的相关政策文件

发布时间	文 件 名 称
2021.1	《关于全面推进上海城市数字化转型的意见》
2021.10	《上海市全面推进城市数字化转型"十四五"规划》
2022.3	《上海城市数字化转型标准化建设实施方案》
2022.8	《上海市加快智能网联汽车创新发展实施方案》
2022.9	《上海市促进人工智能产业发展条例》
2022.11	《上海市浦东新区促进无驾驶人智能网联汽车创新应用规定》
2022.7	《上海市培育"元宇宙"新赛道行动方案（2022—2025年）》
2022.7	《上海市促进智能终端产业高质量发展行动方案（2022—2025年）》

续表

发布时间	文 件 名 称
2023.5	《上海市推动制造业高质量发展三年行动计划（2023—2025年）》
2024.4	《上海市推动制造业数字化和绿色化协同转型发展行动方案（2024—2027年）》

2. 浙江省致力打造全球数字变革高地，"产业大脑"为高质量发展注入新动能

浙江省委、省政府高度重视数字化转型工作，并迅速推进相关部署。2021年，浙江省发布了《浙江省数字化改革总体方案》，全面启动数字化改革。该方案指出，未来五年内，浙江省将以数字化改革推动各领域各方面的改革。《浙江省数字经济发展白皮书（2022年）》指出，浙江省致力于打造数字变革高地，计划实现新一轮的"双倍增"目标，即到2027年，浙江省的数字经济增加值和核心产业增加值将分别突破7万亿元和1.6万亿元。各市结合自身的产业基础，探索符合各自特点的数字经济发展路径。2023年，浙江省进一步推动数字经济创新提质，将其列为"一号发展工程"，努力打造全球数字变革的高地。

在此基础上，浙江省不仅依托数字经济的"前浪"优势，推动世界级数字经济产业集群的建设，还通过"产业大脑+未来工厂"模式，探索数实融合的新范式，深度推进制造业企业的数字化转型、服务业的高端化发展，并积极创新发展新业态和新模式。《浙江省数字经济系统建设方案》明确提出了产业大脑、未来工厂、资源要素、数字贸易四大数字经济建设目标。方案提出，2025年年底前，实现产业大脑多元数据融合应用体制的全面建立，覆盖百亿以上产业集群的产业大脑应用和工业互联网平台。

浙江省经济和信息化厅还起草了《以"产业大脑+未来工厂"为引领 加快推进制造业数字化转型行动方案（征求意见稿）》，旨在加快深化新一代信息技术与制造业融合发展，全方位纵深推进数字化改革和数字经济"一号发展工程",更好地发挥"产业大脑+未来工厂"的引领作用。此后,浙江省数字化改革数字经济组公布了首批行业产业大脑建设试点"揭榜挂帅"项目,共有30个产业大脑入选,推进区域内数字经济系统的建设。

目前,浙江省已经建设了96个细分行业的产业大脑,创新打造了产业大脑能力中心,累计建设了52家未来工厂和601家智能工厂(数字化车间),创建了147个省级工业互联网平台,并认定了121家产业数字化服务商。在民生领域,浙江省还积极探索创建数字化未来社区,构建包括未来邻里、教育、健康、服务、治理等九大场景,依托数字技术打造具有归属感、舒适感和未来感的新型城市功能单元。2023年2月,浙江省发布了《浙江省人民政府办公厅关于全域推进未来社区建设的指导意见》,明确到2035年,基本实现未来社区建设全域覆盖。

浙江省推进制造业企业数字化转型的相关政策文件见表2-5。

表2-5 浙江省推进制造业企业数字化转型的相关政策文件

发布时间	文件名称
2021.3	《浙江省数字化改革总体方案》
2021.4	《浙江省高端装备制造业发展"十四五"规划》
2021.5	《浙江省数字基础设施发展"十四五"规划》
2021.6	《浙江省数字政府建设"十四五"规划》
2021.6	《浙江省信息通信业发展"十四五"规划》
2021.7	《浙江省全球先进制造业基地建设"十四五"规划》
2021.12	《浙江省智能电气产业集群发展指导意见(2021—2025年)》
2022.6	《以"产业大脑+未来工厂"为引领 加快推进制造业数字化转型行动方案(征求意见稿)》
2023.2	《浙江省人民政府办公厅关于全域推进未来社区建设的指导意见》

3. 江苏省抢占数字经济关键赛道,努力建设"数实融合第一省"

江苏省作为经济大省,在全国经济发展中扮演着"压舱石"的角色,在数字经济领域积极布局,推动数字技术与实体经济的深度融合,借助数字技术的新引擎助力实体经济转型升级。江苏省的数字发展战略明确，提出"数字江苏"作为总体方向，以数字经济为主战场，数字社会为落脚点，数字政府作为基础性先导性工程。近年来，江苏省不断深化数字化转型，追求"云"与"数"的有机结合，始终走在创新探索的前沿。

江苏省坚决贯彻党中央决策部署，持续推动网络强省、数字江苏建设，陆续出台了一系列政策文件。2020年，江苏省印发了《关于深入推进数字经济发展的意见》，明确提出要建设数字经济强省。2021年，《江苏省国民经济和社会发展第十四个五年规划和二〇三五年远景目标纲要》出台，详细规划了江苏省数字经济的发展蓝图。《江苏省"十四五"数字经济发展规划》进一步强调，江苏省将充分发挥物联网发展先行优势和制造业应用场景多样化的特点，依托"上云用数赋智"行动，聚焦制造业，打造数据驱动的创新应用场景，加速推动制造业、服务业和农业的数字化转型升级，培育新业态新模式，力求为实体经济注入新的发展动力，构建发展新优势。《江苏省制造业智能化改造和数字化转型三年行动计划（2022—2024年）》深入推进了数字产业化和产业数字化，推动了先进制造业集群的培育与产业链强链行动的实施，全面推动全省制造业企业的智能化改造和数字化转型。《关于全面提升江苏数字经济发展水平的指导意见》明确提出，要推动数字经济与实体经济深度融合，力争到2025年年底，江苏省数字经济核心产业的增加值占地区生产总值的比重达到13.5%左右，并力争到2035年，数字经济的整体发展水平进入世界先进行列。这一系列举措有力地推动了江苏省数字经济的健康发展。

江苏省通过构建"数智技术"高效供给体系，显著提升了转型能力，并积极推动平台经济的发展。2020年4月，江苏省政府办公厅印发了《关于促进平台经济规范健康发展的实施意见》，明确提出江苏省将在工业互联网、车联网、无人驾驶、物联网、人工智能、AR/VR、在线教育、远程医疗、沉浸式运动等多个领域开展应用探索，推动数字技术与各行业的深度融合。在工业领域，江苏省率先应用"5G+工业互联网"，打造了多个典型的工业应用场景，推动了制造业的数字化升级。同时，江苏省还积极支持有条件的地区开展 5G 场景应用试点和示范基地建设，重点推动"空中课堂""货运交通大数据""智慧文旅""基于 5G 技术的远程医疗"等创新业务场景的应用，进一步推动数字技术在社会各领域的广泛渗透，提升了全省数字经济的创新能力和服务水平。

江苏省进一步创新平台经济的监管理念与方式，落实并完善包容审慎的监管要求，营造更加公平的市场环境，促进平台经济的规范健康发展。同时，江苏省启动了工业互联网平台"强链拓市"专项行动，重点推动省内外重要工业互联网平台、电商平台与省内制造业企业的深入合作。通过建立规范化的数据管理体系，江苏省将云供应、云生产和云销售三大协作模式有机结合，有效促进了区域产业的提质增效。

此外，江苏省在国家级产业园区中创建了 11 个"互联网+先进制造业"产业基地，培育了多个工业互联网发展示范区。以苏州工业园区为例，江苏重点推动"5G+工业互联网"融合发展，目前已服务超过 3000 家规模以上的制造业企业，推动了制造业的数字化转型和高质量发展。

江苏省推进制造业企业数字化转型的相关政策文件见表 2-6。

表 2-6　江苏省推进制造业企业数字化转型的相关政策文件

发布时间	文 件 名 称
2020.4	《江苏省人民政府办公厅关于促进平台经济规范健康发展的实施意见》
2020.5	《江苏工业互联网平台"强链拓市"专项行动方案》
2020.11	《关于深入推进数字经济发展的意见》
2021.2	《江苏省国民经济和社会发展第十四个五年规划和二〇三五年远景目标纲要》
2021.8	《江苏省"十四五"数字经济发展规划》
2021.12	《江苏省制造业智能化改造和数字化转型三年行动计划（2022—2024 年）》
2022.2	《关于全面提升江苏数字经济发展水平的指导意见》

4. 安徽省大力推动数字经济与三产的全面融合

安徽省积极推动产业数字化转型，先后出台了《安徽省工业互联网创新发展行动计划（2021—2023年）》《加快"数字皖农"建设若干措施》《安徽省"十四五"软件和信息服务业发展规划》等政策文件。通过"数字皖农"建设，推动第一产业升级；通过工业互联网建设，促进第二产业改造；通过融合创新，培育和发展第三产业，全面推动数字经济与第三产业的深度融合。

从产业布局角度来看，安徽省发布的《中国声谷创新发展三年行动计划（2021—2023年）》和《安徽省"十四五"智能家电（居）产业发展规划》等政策文件，展现了该省以智能语音产业为主导方向，依托中国声谷打造人工智能产业核心区，结合芜湖和马鞍山的工业基础，实施多点布局，推动形成覆盖全省的人工智能产业集群。

安徽省推进制造业企业数字化转型的相关政策文件见表2-7。

表2-7 安徽省推进制造业企业数字化转型的相关政策文件

发布时间	文件名称
2021.7	《中国声谷创新发展三年行动计划（2021—2023年）》
2021.9	《安徽省工业互联网创新发展行动计划（2021—2023年）》
2021.12	《加快"数字皖农"建设若干措施》
2022.3	《安徽省"十四五"软件和信息服务业发展规划》
2022.4	《安徽省"十四五"智能家电（居）产业发展规划》
2022.8	《加快发展数字经济行动方案（2022—2024年）》
2023.3	《支持以数字化转型推动制造业高端化智能化绿色化发展若干政策》

（三）珠三角：以电子信息产业为先导，推动制造业加速向数字化发展

珠三角九市（包括广州、佛山、肇庆、深圳、东莞、惠州、珠海、中山、江门）经济活跃、基础扎实，凭借与港、澳的深度融合，进一步推动创新驱动发展，致力于从"世界工厂"向战略性新兴产业和先进制造业中心转型。该地区正加速推进数字化转型，培育并集聚数字经济新动能，提升产业实力和竞争力，数字化转型正成为珠三角地区新一轮科技革命和产业变革的关键驱动力。

一方面，珠三角扎实的信息技术产业基础为其在人工智能、大数据、工业互联网、云计算等数字产业的领先发展提供了强大支撑，并不断实现技术突破。另一方面，珠三角庞大的传统制造业正加速转型升级，为数字产业的发展和数字技术进步提供了巨大的需求潜力和市场动力。信息技术产业的快速发展不仅助力了珠三角数字经济的崛起，也推动了科技赋能传统产业，加速其数字化进程。

在推动制造业企业数字化转型方面，珠三角九市已取得显著进展，工业互联网被视为促进实体经济提质增效的新引擎。各市加快布局，推动制造业企业向数字化、网络化、智能化方向发展。

一是聚焦行业生态，着力建设工业互联网平台。全省范围内，广东省在 2021 年出台了《广东省工业互联网示范区建设实施方案》，深入实施工业互联网创新发展战略，推动新一代信息技术与制造业的深度融合。广东省充分发挥粤港澳大湾区的产业和区位优势，借助工业互联网赋能制造业的数字化转型，率先开展了国家工业互联网示范区建设。在市级层面，珠海市发布了《珠海市推进制造业数字化转型工作方案（2021—2025）》；佛

山市出台了《佛山市深化"互联网+先进制造"发展工业互联网的若干政策措施》等政策文件,为工业互联网的发展提供了政策保障和支持,进一步推动了地方工业互联网的创新发展。

二是聚焦新基建,提速信息基础设施建设。广东省充分发挥新型基础设施的"头雁效应",集中资源加快 5G 网络、工业互联网等新型基础设施的建设,为制造业企业的数字化转型提供了坚实的网络支撑。在省级层面,2020 年 7 月,广东省发布了《关于加快推动 5G 网络建设的若干政策措施》,通过推动建设规划的衔接落地、免费开放公共资源支持基站建设、统一基站相关费用标准等多项举措,帮助珠三角九市抓住 5G 技术发展的新机遇,培育壮大新动能,为建设数字广东、网络强省奠定了坚实基础。2021 年 11 月,《广东省推进新型基础设施建设三年实施方案(2020—2022 年)》正式发布,为各市提供了明确的发展框架。在市级层面,佛山市发布了《佛山市推进新型基础设施建设行动方案(2020—2022 年)》;惠州市出台了《惠州市加快发展大数据和软件信息服务业集群行动计划(2021—2025 年)工作措施》等政策文件。珠三角地区围绕构建一体化网络的目标,加速推进信息基础设施建设,并通过打造创新基础设施集群,推进"智慧+"工程,进一步加速了融合基础设施的建设。

三是聚焦产业集群,探索制造业企业数字化转型新模式。广东省以产业集群为切入点,围绕珠三角核心地区,致力于实现产业链资源共享和协同制造。通过以特定行业和领域的服务商为牵头方,组建产业联合体,广东省从解决集群企业的关键问题和打通关键应用场景出发,为集群企业提供优质的工业互联网解决方案,搭建行业/区域专属的工业互联网平台,打造企业数字化转型的标杆。逐步推动集群中的中小企业依托行业平台实现整体数字化转型。

在省级层面,2020 年 5 月,广东省发布了《关于培育发展战略性支柱产业集群和战略性新兴产业集群的意见》,明确提出重点发展新一代电子信息、智能家电、汽车产业等"十大"战略性支柱产业集群,推动广东省战略性产业集群的培育与发展,为建设现代产业体系奠定基础。同时,发布了《广东省产业集群工业互联网数字化转型试点工作方案(试行)》和《广东省特色产业集群数字化转型试点 2020 年工作方案》,组织实施第二批集群试点工作。

在市级层面,珠海市发布了《珠海市大力支持集成电路产业发展的意见》,深圳市出台了《深圳市数字经济产业创新发展实施方案(2021—2023年)》等政策文件,进一步推动战略性产业集群的培育与数字化转型,助力产业转型升级走深走实。

广东省作为改革开放的排头兵、先行地、实验区和数字化发展大省,深入贯彻习近平总书记和党中央的决策部署,积极推进数字化发展工作。在"十四五"开局之年,广东省出台了《广东省人民政府关于加快数字化发展的意见》和《广东省制造业数字化转型实施方案(2021—2025年)》,对未来一段时期广东经济社会各方面的数字化发展进行全面、系统的规划和布局。这不仅是贯彻落实党中央重大决策部署的具体举措,也是广东在新发展阶段立足新发展理念、构建新发展格局的重要抓手,有助于广东抢占数字时代发展先机,打造发展新优势。

珠三角地区部分推进制造业企业数字化转型的相关政策文件见表 2-8。

表 2-8 珠三角地区部分推进制造业企业数字化转型的相关政策文件

地 区	发布时间	文件名称
广州市	2019.5	《广东省产业集群工业互联数字化转型试点工作方案(试行)》
	2020.5	《关于加快推动 5G 网络建设的若干政策措施》
	2020.5	《关于培育发展战略性支柱产业集群和战略性新兴产业集群的意见》
	2020.7	《关于加快推动 5G 网络建设的若干政策措施》
	2020.10	《广东省推进新型基础设施建设三年实施方案(2020—2022年)》
	2021.4	《广东省人民政府关于加快数字化发展的意见》

续表

地　区	发布时间	文件名称
广州市	2021.5	《广东省工业互联网示范区建设实施方案》
	2021.7	《广东省制造业数字化转型实施方案（2021—2025年）》
深圳市	2019.7	《深圳市推进新能源工程车产业发展行动计划（2019—2021年）》
	2021.1	《深圳市数字经济产业创新发展实施方案（2021—2023年）》
珠海市	2018.11	《珠海市促进新一代信息技术产业发展的若干政策》
	2019.10	《珠海市进一步支持实体经济高质量发展若干政策措施》
	2019.11	《珠海市促进实体经济高质量发展专项资金（促进新一代信息技术产业发展用途）管理实施细则》
	2020.6	《珠海市促进5G网络建设及产业发展若干政策措施》
	2020.9	《珠海市打造现代化产业集群推动制造业高质量发展的实施意见》
	2020.10	《珠海市促进实体经济高质量发展专项资金（工业节能与工业循环经济用途）管理实施细则》
	2020.10	《关于促进珠海市集成电路产业发展的若干政策措施》
	2020.10	《珠海市大力支持集成电路产业发展的意见》
	2020.10	《珠海市促进实体经济高质量发展专项资金（小升规企业奖励和融资担保体系补助）管理实施细则》
	2021.2	《珠海市促进实体经济高质量发展专项资金（技术改造及技术创新扶持用途）管理实施细则》
	2021.4	《珠海市促进实体经济高质量发展专项资金（促进5G网络建设及产业发展用途）管理实施细则》
	2021.10	《珠海市推进制造业数字化转型工作方案（2021-2025）》
	2024.8	《珠海市促进集成电路产业发展的若干政策措施》
东莞市	2020.3	《东莞市现代产业体系中长期发展规划纲要（2020-2035年）》
	2021.1	《关于培育发展战略性产业集群的实施意见》
	2021.2	《东莞市战略性新兴产业基地规划建设实施方案》
	2021.2	《东莞市人民政府关于加快打造新动能 推动高质量发展的若干意见》
	2024.1	《关于加快推进新型工业化 高质量建设国际科创制造强市的实施意见》
佛山市	2020.6	《佛山市深化"互联网+先进制造"发展工业互联网的若干政策措施》
	2020.11	《佛山市支持制造业创新中心建设扶持方案》
	2021.3	《佛山市推进新型基础设施建设行动方案（2020—2022年）》
	2021.7	《佛山市推进制造业数字化智能化转型发展若干措施》

续表

地 区	发 布 时 间	文件名称
惠州市	2020.5	《惠州市实施工业园区提质增效行动方案》
	2021.2	《惠州市加快发展大数据和软件信息服务业集群行动计划（2021—2025年）工作措施》
	2022.2	《惠州市先进制造业发展"十四五"规划》
	2023.11	《惠州市促进制造业高质量发展若干措施（修订版）》
	2025.1	《惠州市推进制造业高质量发展若干措施》

方法篇

第三章
两化融合管理体系

工业化和信息化代表了两个不同的历史发展阶段，发达国家通常是先完成工业化，随后步入信息化阶段。中华人民共和国成立后，提出了要实现工业化并赶超发达国家的目标。改革开放以来，面对发达国家正在推进信息化的新形势，我国在党的十六大和十七大上分别提出了"以信息化带动工业化，以工业化促进信息化"和"大力推进信息化与工业化融合"的战略决策。

信息化与工业化的融合（简称两化融合），是指信息化与工业化两个历史进程的相互融合和共同发展。信息化不仅推动了工业化的进程，还促进了与工业化相关的各类历史进程，使这些进程得以协同融合。推动企业的两化融合，不仅涉及技术、设备等方面的整合，还包括企业愿景、目标、商业模式、管理体制等层面的深度融合。简而言之，企业的两化融合是在信息化的推动下，全面实现企业现代化的过程。

两化融合是一个长期的历史进程。为了使这一进程更加规范高效，减少失误并提高效益，亟须建立一套完善的两化融合管理体系。两化融合管理体系是一个涵盖相关管理原则、要素和方法的综合体系，其理论基础、基本框架和主要内容体现了两化融合的普适规律，适用于各种类型、不同规模以及从事不同活动的企业。

一、为企业提供系统性的数字化转型解决方案

企业在日常经营管理中通常会采用多个管理体系,如项目管理体系、质量管理体系、信息技术管理体系、财务管理体系等。这些体系往往并行运行,难以实现有效融合。两化融合管理体系为企业在信息化条件下进行综合管理体系的顶层设计提供了一个总体框架,帮助企业不断优化现有的管理体系,促进不同体系的深度融合,从而全面提升企业的管理现代化水平。这种模式被称为两化融合管理体系与其他管理体系的"1+N"关系模式,而非"N+1"关系模式。

两化融合管理体系的基本框架(见图3-1)基于PDCA(计划—执行—检查—行动)管理流程,与现有的其他管理体系保持一致性。该框架创新性地提出了技术、业务流程、组织机构和数据四大管理要素,并重点处理这四者之间的相互关系。在打造信息化环境下新型能力的主线下,该框架内嵌了战略循环、要素循环和管理循环三个循环机制。具体而言,战略循环为"战略—可持续竞争优势—新型能力";要素循环为"数据—技术—业务流程—组织结构";管理循环为"策划—支持、实施与运行—评测—改进"。通过围绕管理活动的模式化管理体系的建立、实施、保持和改进,确保与管理对象相关的各项过程和活动始终处于受控状态。这一过程有助于保证各项管理工作的系统性与科学性,并确保通过管理活动有效实现预期目标。

两化融合管理体系(GB/T 23000标准族)是我国首个自主研发并大规模推广应用的首个被国际认可的管理体系类标准。该标准族设计简洁实用、各标准之间相互补充,适用于各个领域、不同行业、各种规模以及所有制形式的企业。

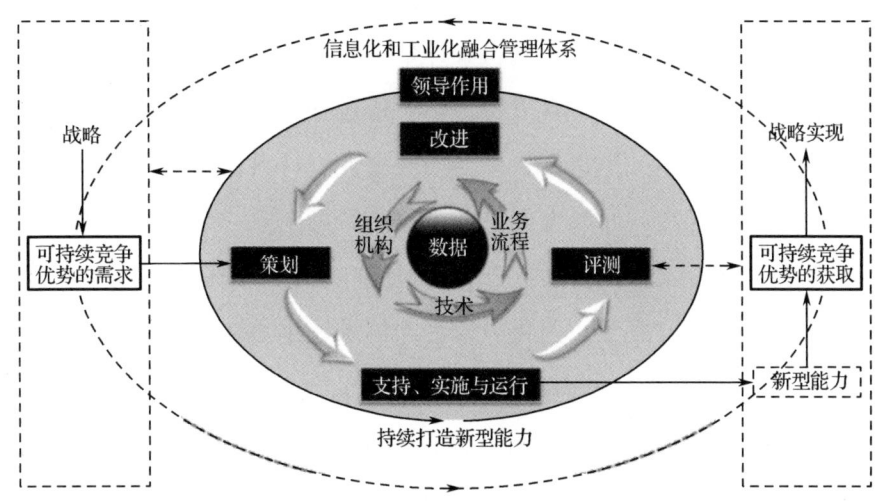

图 3-1 两化融合管理体系的基本框架

两化融合管理体系是一套专门针对企业如何围绕战略目标实现信息技术与研发、生产、经营管理全过程的全面融合而制定的框架性和规范性指南。该体系致力于在基础设施、业务环节优化、业务流程再造、系统集成、协同创新等多个方面持续推动和深化两化融合的实践，以此促进两化融合环境下的研发、生产与经营管理的优化、变革和创新。其核心目标是全面推动工业企业的创新发展、智能升级和绿色转型，助力企业持续赢得市场竞争的优势。

二、运用两化融合评估规范深化对场景的理解

《工业企业信息化和工业化融合评估规范》（简称评估规范）为企业提供了一套系统的分析方法，用于评估其两化融合的水平。该规范帮助企业评估两化融合的当前状态、关键领域、发展方向和取得的成效，并为评估两化融合管理体系的有效性及识别改进机会提供支持。企业可依据评估规

范，结合自身特点和需求，建立自我评估体系并自行开展两化融合评估；或直接依托两化融合服务平台进行评估。通过评估，企业能够了解自身的总体发展水平和各项关键指标，并与同类企业进行对比，从而掌握自身的两化融合现状、存在问题和发展重点。这将帮助企业有效跟踪分析管理体系，推动两化融合水平的持续提升，促进企业在竞争中保持优势。

作为一种第三方服务，两化融合管理体系评定是综合判断企业的两化融合管理体系是否符合《信息化和工业化融合管理体系 要求》(GB/T 23001-2017)，并评估其运行的有效性。通过评定结果，确认企业在信息化环境下具备获取可持续竞争优势的能力。此外，两化融合服务平台还建立了评定管理系统，以实现评定过程的全程监管与成果跟踪。评定流程详见图 3-2。

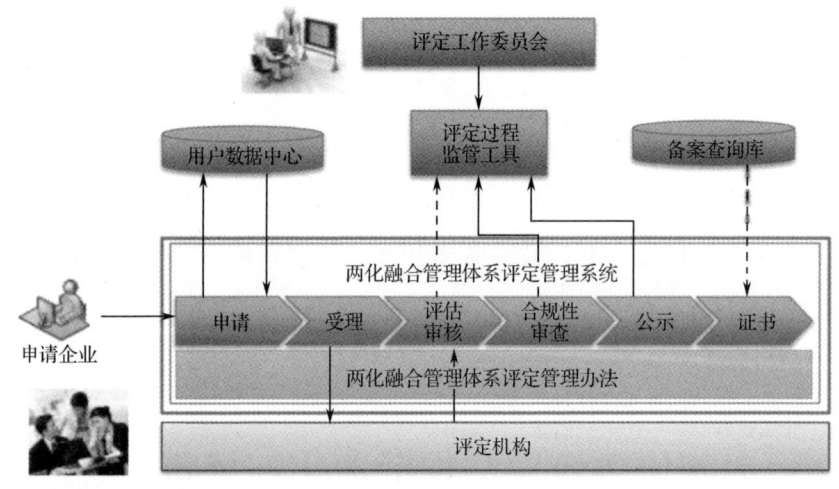

图 3-2　两化融合管理体系评定流程图

两化融合管理体系是企业在数字经济背景下提升新型竞争能力的关键方法，它引导企业实现战略转型、组织变革、管理优化和技术创新。在推动企业数字化转型的过程中，这一体系主要体现在以下几个方面。

首先，企业在多个业务环节转型的基础上，开展跨环节的集成。根据战略规划和业务集成需求，企业持续深化数字化转型进程。具体而言，这包括产品设计与制造、集成管理与控制、产供销集成、财务与业务集成、决策支持等多个业务集成领域。企业通过不断改进和优化业务流程，逐步提高业务集成的程度和水平。

其次，在内部集成的基础上，企业进一步开展跨企业的业务协同与创新。根据企业战略规划和业务发展需求，企业创新性地应用人工智能、数字孪生、工业互联网、区块链等新一代信息技术，实现跨企业的产品协同创新与绿色发展，推动企业集团管控、产业链协同以及工业互联网平台赋能等方面的跨企业协同发展。

第四章
智能制造成熟度评估标准

在智能制造相关的标准体系中,最为广泛应用的是《智能制造能力成熟度模型》(GB/T 39116-2020)和《智能制造能力成熟度评估方法》(GB/T 39117-2020)。这两项标准既可以配合使用,也可以单独使用《智能制造能力成熟度模型》进行自我评估。它们适用于制造企业、智能制造系统解决方案供应商以及第三方评估机构,旨在协助这些组织识别自身在智能制造能力方面的差距,进行能力提升的规划和实施改进。

一、为大中型制造业企业提供系统易用的评价体系

智能制造能力成熟度的两个国家标准在系统性和简单易用两个维度上实现了较好的平衡。通过一个体系、一张表和一个方法,这些标准勾勒出了智能制造能力的完整评价体系。

一个体系,描绘了智能制造能力成熟度的核心关注点。如图 4-1 所示,能力要素给出了智能制造能力提升的关键方面,包括人员、技术、资源和

制造。其中，**人员要素**包括组织战略和人员技能两个能力域；**技术要素**包括数据、集成和信息安全三个能力域；**资源要素**包括装备和网络两个能力域；**制造要素**包括设计、生产、物流、销售和服务五个能力域。每个能力域又由若干能力子域组成，共同构成了对智能制造能力的评价。

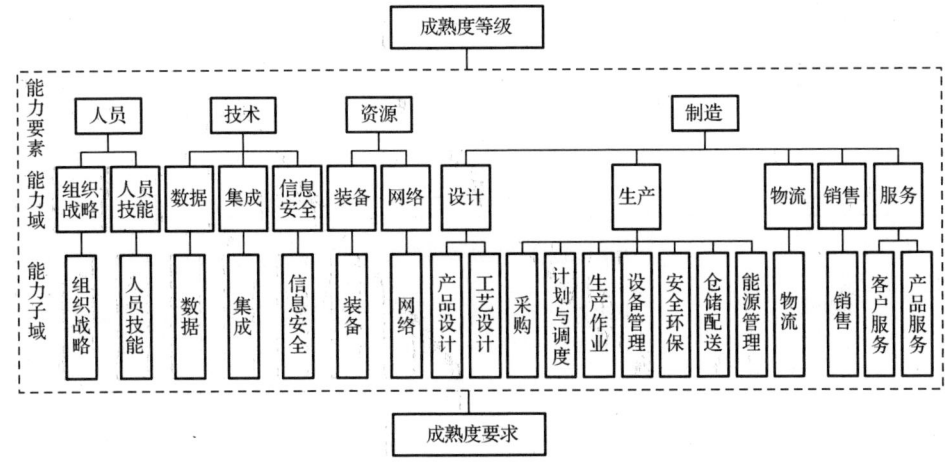

图 4-1　智能制造能力成熟度指标体系

一张表，展现不同等级下各项能力应达到的要求。《智能制造能力成熟度模型》的核心由一个二维表构成。该表格纵向由能力子域组成，横向则为不同的成熟度等级。表格中的内容是评价项，描述了对应能力子域在各成熟度等级下应达到的要求。

一个方法，给出由文字到数字的量化方法。《智能制造能力成熟度评估方法》提供了对应的"一张表"量化方法。该方法通过对评估域中的每一条要求进行打分，按照满足程度分为"全部满足、大部分满足、部分满足、不满足"，并分别赋予分值"1、0.8、0.5、0"。随后，通过逐级加权平均，最终计算出智能制造能力成熟度得分，从而得出评价对象的综合得分。

根据《智能制造能力成熟度模型》，企业成熟度等级分为五个等级，自低向高分别为一级（规划级）、二级（规范级）、三级（集成级）、四级（优化级）和五级（引领级），如表 4-1 所示。企业可通过描述加强对不同等级的理解，通过应用《智能制造能力成熟度评估方法》进行自评价，对自身智能制造能力情况进行对照检视。

表 4-1　企业智能制造能力成熟度等级表

等　级	描　述
一级（规划级）	企业应开始对实施智能制造的基础和条件进行规划，能够对核心业务活动（设计、生产、物流、销售、服务）进行流程化管理
二级（规范级）	企业应采用自动化技术、信息技术手段对核心装备和核心业务活动等进行改造和规范，实现单一业务活动的数据共享
三级（集成级）	企业应对装备、系统等开展集成，实现跨业务活动间的数据共享
四级（优化级）	企业应对人员、资源、制造等进行数据挖掘，形成知识、模型等，实现对核心业务活动的精准预测和优化
五级（引领级）	企业应基于模型持续驱动业务活动的优化和创新，实现产业链协同并衍生新的制造模式和商业模式

二、流程型制造企业，侧重于数据采集和精细化控制能力

《智能制造能力成熟度模型》在描述企业应达到的能力时，将制造企业的生产类型划分为流程型和离散型，并通常对流程型制造企业的能力提出额外要求，以区别于离散型制造企业。通过诸如"罐区""阀门"等关键词，可以快速识别出流程型制造企业的特点。

流程型制造企业的工艺过程较为复杂，典型代表为化工类生产企业。由于对生产过程的识别、判定和控制要求较高，流程型制造企业在智能制造转型过程中面临更多挑战。如果企业希望通过数字化转型实现降本增效，

关键就在于破解生产过程中的"黑箱",即对生产过程进行深度理解和优化。这需要在建立精准的数据采集和分析基础上,应用先进的过程控制算法,持续优化生产流程,提升生产效率和产品质量。

《智能制造能力成熟度评估方法》对流程型制造企业在评估域和权重方面进行了区分。**在评估域方面**,流程型制造企业未包含产品设计、产品服务等评估项,侧重于生产过程本身的优化与控制。**在评估权重方面**,流程型制造企业更注重资源获取能力,因此在装备、网络、生产作业等能力子域的权重较离散型制造企业更高。

流程型制造企业的主要评估域及权重见表 4-2。

表 4-2 流程型制造企业的主要评估域及权重

能力要素	能力要素权重	能力域	能力域权重	能力子域	能力子域权重
人员	6%	组织战略	50%	组织战略	100%
		人员技能	50%	人员技能	100%
技术	11%	数据应用	46%	数据应用	100%
		集成	27%	集成	100%
		信息安全	27%	信息安全	100%
资源	15%	装备	67%	装备	100%
		网络	33%	网络	100%
制造	68%	设计	4%	工艺设计	100%
		生产	63%	采购	12%
				计划与调度	14%
				生产作业	23%
				设备管理	15%
				安全环保	12%
				仓储配送	12%
				能源管理	12%
		物流	15%	物流	100%
		销售	15%	销售	100%
		服务	3%	客户服务	100%

三、离散型制造企业,侧重于生产集成联动和设计能力

离散型制造企业,如机械制造企业和电子制造企业等,其典型特征在于各个工艺环节相对独立,而环节间的协调与联动对产品质量和生产效率有着直接影响。因此,离散型制造企业在生产计划管理、内部供应链协同以及供应链与合作伙伴的高效联动方面有更严格的要求。与流程型制造企业不同,离散型制造企业通常生产有多样化的产品,这意味着它们对产品设计、功能及服务等方面有着更高的要求。

《智能制造能力成熟度评估方法》针对离散型制造企业在评估域和权重方面进行了特别区分。**在评估域方面**,离散型制造企业不仅包括产品设计、产品服务等评估项目,还特别提出了典型产品组件的标准库、典型产品设计知识库、产品故障知识库以及产品远程运维服务等要求。**在评估权重方面**,离散型制造企业在制造要素方面的权重较高,但在细分项中,权重分配较为均衡。

离散型制造企业的主要评估域及权重见表 4-3。

表 4-3 离散型制造企业的主要评估域及权重

能力要素	能力要素权重	能力域	能力域权重	能力子域	能力子域权重
人员	6%	组织战略	50%	组织战略	100%
		人员技能	50%	人员技能	100%
技术	11%	数据应用	46%	数据应用	100%
		集成	27%	集成	100%
		信息安全	27%	信息安全	100%

续表

能 力 要 素	能力要素权重	能 力 域	能力域权重	能 力 子 域	能力子域权重
资源	6%	装备	50%	装备	100%
		网络	50%	网络	100%
制造	77%	设计	13%	产品设计	50%
				工艺设计	50%
		生产	48%	采购	14%
				计划与调度	16%
				生产作业	16%
				设备管理	14%
				仓储配送	14%
				安全环保	13%
				能源管理	13%
		物流	13%	物流	100%
		销售	13%	销售	100%
		服务	13%	产品服务	50%
				客户服务	50%

第五章
中小企业数字化转型评测方法

中小企业是实体经济的重要组成部分，也是当前企业数字化转型过程中的关键焦点与挑战所在。统计数据显示，我国有 79% 的中小企业仍处于数字化转型的初步探索阶段；12% 的中小企业处于数字化转型的践行阶段；仅有 9% 的中小企业实现了数字化转型的深度应用。此外，不同企业在数字化转型意识方面存在差异。与大企业相比，中小企业在资金、人才、技术等方面处于相对劣势，整体数字化转型水平存在明显差距。

为了加速通过数字化转型推动中小企业提升综合实力和核心竞争力，工业和信息化部于 2022 年 11 月发布了《中小企业数字化转型指南》（以下简称《指南》）。《指南》明确指出，中小企业在数字化转型过程中应遵循"从易到难、由点及面、长期迭代、多方协同"的原则，并围绕增强企业转型能力和提升企业转型供给水平提出了实施路径，旨在帮助中小企业科学、高效地推进数字化转型，提升其提供数字化产品和服务的输出能力。

与此同时，工业和信息化部先后发布的《中小企业数字化水平评测指标（2022 年版）》（以下简称《测评指标（2022 年版）》）和《中小企业数字化水平评测指标（2024 年版）》（以下简称《测评指标（2024 年版）》），是指导中小企业开展数字化水平评估的重要依据,也是《优质中小企业梯度培育管理暂行办法》(工信部企业〔2022〕63号)中"专精特新中小企业认定标准"第5个评价指标"数字化水平"的评价依据。企业可登录评测系统(优质中小企业梯度培育平台),进入数字化转型板块,进行自主测评,以便更好地了解测评内容、剖析自身转型现状、获取准确定位。同时,了解不同评价体系的区别,有助于从更高视角审视并推进转型进程。

一、评估方法

《测评指标(2022年版)》将中小企业分为三类进行评估:制造业、生产性服务业和其他行业。这三个类别的中小企业均从数字化基础、经营、管理、成效四个维度进行综合评估,全面衡量其数字化发展水平,总分为100分。根据企业的评测得分,数字化水平被划分为四个等级。

制造业中小企业在数字化转型中侧重于设备系统和生产管控,其中,数字化设备联网、关键工序数控化以及排产排程等环节是其数字化转型的关键标志。这些环节在生产性服务业和其他行业中并不常见。**生产性服务业中小企业**则更注重服务型特征,主要围绕制造业企业提供服务,其服务质量要求较制造业和其他行业更高。此外,与制造业相比,生产性服务业在组织管理方面的数字化应用更为深入。**其他行业的中小企业**则更强调整体数字化基础,其业务系统、数据资源和网络安全在整体评价中的比重分别为16%、12%和12%,显著高于制造业和生产性服务业中小企业的相关指标。总体来看,数字化基础和数字化经营这两个一级指标的占比均达到70%。

为了提高评测指标的科学性、适用性和前瞻性,并为中小企业提供更多清晰明确的数字化水平评测与转型指引工具，完善并形成了《评测指标（2024年版）》。在《评测指标（2024年版）》中，中小企业数字化等级评定方法方面，数字化基础、经营和成效三个维度沿用了《评测指标（2022年版）》的评定方式，而数字化经营则采用了数字化应用场景判定的方式来评定等级。根据评测结果，中小企业的数字化水平被划分为四个等级，分别为一级（初始级）、二级（规范级）、三级（集成级）和四级（协同级），具体内容见表5-1。

表5-1 中小企业数字化水平等级表

等级	要求（同时满足）	
	数字化基础、管理及成效	数字化经营应用场景
一级（初始级）	≥20分	不少于6个应用场景（其中不少于3个约束性场景）等级需达到一级
二级（规范级）	≥40分	不少于6个应用场景（其中不少于3个约束性场景）等级需达到二级
三级（集成级）	≥60分	不少于8个应用场景（其中不少于5个约束性场景）等级需达到三级
四级（协同级）	≥80分	不少于10个应用场景（其中不少于6个约束性场景）等级需达到四级

备注：如企业无法满足最低一级相关要求，则归类为无等级。

二、评测维度

数字化基础、管理及成效三个维度的一级指标分别占比50%、30%和20%，下设了9个二级指标，并进一步细化了15个采集项，如表5-2所示。

表 5-2　数字化基础、管理、成效维度

一级指标	二级指标	采集项
数字化基础（50%）	设备系统（40%）	网络建设（40%）
		设备数字化（30%）
		设备联网（30%）
	数据采集（20%）	数据采集（100%）
	信息系统（20%）	信息系统（100%）
	信息安全（20%）	网络安全（50%）
		数据安全（50%）
数字化管理（30%）	规划管理（50%）	规划实施（50%）
		管理机制（50%）
	要素保障（50%）	人才建设（50%）
		资金保障（50%）
数字化成效（20%）	绿色低碳（35%）	绿色低碳（100%）
	产品质量（35%）	产品质量（100%）
	市场效益（30%）	市场表现（50%）
		价值效益（50%）

数字化基础涵盖企业的设备系统、数据采集、信息系统和信息安全。坚实的数字化基础能够为企业提供更全面的数据资源，稳定高效地处理和分析数据，是数字化转型的夯实底座。**数字化管理**包括规划管理和要素保障，要求企业从规划实施、管理机制、人才建设和资金保障等方面推进数字化转型工作，是数字化转型的助力器。**数字化成效**体现在企业的经济效益、社会效益和生态效益等方面，企业通过智能化精益化生产制造，提升产品质量，降低生产能耗，实现降本增效。

数字化经营维度由 4 个一级指标、16 个二级指标组成（见表 5-3），依据符合应用场景的数量进行等级划分。

表 5-3　数字化经营维度

一级指标	产品全生命周期数字化				生产执行数字化					供应链数字化		管理决策数字化			
二级指标	产品设计*	工艺设计	营销管理*	售后服务	计划排程	生产管控*	质量管理*	设备管理*	安全生产*	能耗管理*	采购管理*	仓储物流*	财务管理*	人力资源	协同办公	决策支持

备注：标*为约束性场景（共计10项），是引导企业深度改造的重点场景；剩余为指导性场景（共计6项）。

数字化经营从产品全生命周期、生产执行、供应链和管理决策等方面入手，要求企业将数字化技术全面融入研发、生产、销售及客户服务等全流程经营活动中，实现经营模式的创新和升级。通过数字化经营，企业能够更精准地把握市场动态和用户需求，实现个性化定制、精准营销和产业链供应链协同。

三、评测指标

（一）数字化基础维度维持较高占比

数字化基础维度的二级指标涵盖设备系统、数据采集、信息系统和信息安全四个部分。其中，**设备系统**占比最高，为40%，主要评估企业的网络建设连接情况、生产设备联网率和生产设备数字化率，反映企业在硬件基础设施和生产设备的数字化水平。**数据采集**方面，评估企业在设计、生产、采购销售以及人力、财务、物资管理等业务环节中实现数据自动采集的覆盖范围,反映企业在各环节中的数据自动采集能力。**信息系统**方面,评估企业通过使用本地或云化部署的信息化服务,反映企业在实现业务数字化管理方面的程度。**信息安全**方面,评估企业是否在网络安全和数据安全两个方面建立了安全管理制度,是否使用了安全产品及服务,以及是否自行或委托专业评估机构进行风险评估等。数字化基础维度评测表见表 5-4。

表 5-4 数字化基础维度评测表

一级指标	二级指标	采集项	序号	题目	选项类型
数字化基础（50%）	设备系统（40%）	网络建设（40%）	1	企业网络建设连接情况 □无 □企业车间建成工控网络,支持自动化控制应用 □企业建成应用系统网络,实现大规模设备、人员与信息系统互联,可支持大规模设备、人员与信息系统互联 □企业建设/租用 5G 工业网络,支撑系统互联和网络协同应用,满足 AGV、工业互联网等规模化移动应用场景需求 □网络全面覆盖生产现场与环节,具备未来智能化新应用的扩展能力	多选
		设备数字化（30%）	2	企业的生产设备数字化率 □[0～10%] □(10%,20%] □(20%,40%] □(40%,60%] □(60%,100%] 具体数据[ ],其中生产设备数量为[ ]台,实现数字化的生产设备数量为[ ]台	单选
		设备联网（30%）	3	企业的生产设备联网率 □[0～10%] □(10%,20%] □(20%,40%] □(40%,60%] □(60%,100%] 具体数据[ ],其中实现联网的生产设备数量为[ ]台	单选

续表

一级指标	二级指标	采集项	序号	题 目	选项类型
数字化基础（50%）	数据采集（20%）	数据采集（100%）	4	企业实现数据自动采集的业务环节覆盖范围 □无 □产品设计 □工艺设计 □营销管理 □售后服务 □计划排程 □生产管控 □质量管理 □设备管理 □安全生产 □能耗管理 □采购管理 □仓储物流 □财务管理 □人力资源	多选
	信息系统（20%）	信息系统（100%）	5	企业使用本地或云化部署的信息化服务，实现业务的数字化管理情况 □无 □单个业务环节 □多个业务环节（2个及以上） □绝大部分业务环节（大于80%） □全覆盖	单选
	信息安全（50%）	数据安全（50%）	6	企业在保障网络安全方面采取的举措 □无 □建立了网络安全管理制度 □使用了网络安全产品及服务（如防火墙、网络分区、入侵检测、身份认证等） □自行或委托专业评估机构实施网络安全风险评估 □建立网络边界安全访问控制能力，以及网络关键节点入侵检测和恶意代码检测能力	多选
			7	企业在保障数据安全方面采取的举措 □无 □建立了数据安全管理制度 □使用了数据安全产品及服务（如数据加密、数据备份与恢复、数据脱敏、数据分级分类保护等） □自行或委托专业评估机构实施数据安全风险评估 □建立数据台账（类型、用途、数量、数据源单位、使用单位等），定期开展数据安全保障能力核验	多选

评分逻辑：

1. 对于3个选项的单选题，从第一个选项到最后一个选项每个选项的分值分别为0分、50分、100分；对于5个选项的单选题，从第一个选项到最后一个选项每个选项的分值分别为0分、25分、50分、75分、100分；对于6个选项的单选题，从第一个选项到最后一个选项每个选项的分值分别为0分、20分、40分、60分、80分、100分；多选题选"无"得分为0，其他情况得分为被选择的选项数量×100/（所有选项总个数-1）。

2. 该部分总分=Σ每个选项得分×采集项权重×二级指标权重×一级指标权重。

（二）数字化管理取得初步成效

数字化管理维度的二级指标包括规划管理和要素保障，分别占比50%。其中，**规划管理**主要评估企业对数字化的认识与执行情况，以及数字化管理制度的建立情况。在不同版本的测评指标中，对这一维度的要求有所不同：《测评指标（2022年版）》侧重于考察企业对未来数字化转型的规划，是否有明确的数字化转型目标和实施计划等；而《测评指标（2024年版）》则更加注重考查企业是否已形成相关数字化转型制度，或者是否已产生初步的成效。**要素保障**方面，评估企业在数字化人才建设方面的具体措施，包括是否配置相关人才、是否设置专业部门、是否定期开展培训、是否设立专门的绩效薪酬体系、是否建立明确的人才梯度培育机制，以及近三年数字化建设资金投入总额占营业额的平均比例。可以看出，相较于《测评指标（2022年版）》仅考查企业在数字化培训方面的内部人员覆盖范围，《测评指标（2024年版）》则对企业的数字化人才培养和资金投入方面进行了更加全面的考量和要求。数字化管理维度评测表见表5-5。

表 5-5　数字化管理维度评测表

一级指标	二级指标	采集项	序号	题　目	选项类型
数字化管理（30%）	规划管理（50%）	规划实施（50%）	8	企业对数字化的认识与执行水平情况 □无 □已经主动了解数字化相关内容 □已经制定实施数字化的规划、计划及保障措施等 □已经着手开始进行单点或多点的数字化改造 □已经通过数字化手段实现业务模式、管理决策方式的改变并取得成效 □定期组织员工去数字化建设成效较好的同行业公司参观交流，增强数字化转型意识	单选

续表

一级指标	二级指标	采集项	序号	题　目	选项类型
数字化管理（30%）	规划管理（50%）	管理机制（50%）	9	企业数字化管理制度的建立情况 □无 □建立数字化转型实施工作流程 □建立信息系统建设及运营管理制度 □建立数据资源管理制度 □建立与数字化融合的科研、业务、产品等方面的创新激励制度	多选
	要素保障（50%）	人才建设（50%）	10	企业在数字化人才建设方面采取的举措 □无 □配备专职/兼职的数字化人才 □设置专门的数字化岗位/部门 □定期对员工开展数字化方面培训 □有明确的数字化人才绩效及薪酬管理 □有明确的数字化人才梯度培育机制	多选
		资金保障（50%）	11	企业近三年平均数字化投入总额占营业额的平均比例（企业成立不满三年按照实际成立时长计算年均投入） □[0～10%] □(10%,20%] □(20%,40%] □(40%,60%] □(60%,100%] 具体数据为[　　]万元/年	单选

备注：评分逻辑同表5-4。

（三）数字化成效维度新增绿色指标

数字化成效维度的二级指标包括绿色低碳、产品质量和市场效益，分别占比35%、35%和30%。其中，**产品质量**评估企业在数字化改造后，月均产品合格率相较于改造前的变化情况；**市场效益**则评估企业上年度人均营业收入和每百元营业收入中的成本相较于前年的变化情况，反映企业在数字化转型过程中所获得的经济效益。与《测评指标（2022年版）》相比，《测评指标（2024年版）》新增了**绿色低碳**指标。该指标通过测定企业数字化改造后每百元营业收入中综合能源消费量相较于改造前的变化情况，旨在体现企业在数字化转型过程中对绿色发展的关注和重视，同时突出可持续发展的价值增效。数字化成效维度评测表见表5-6。

表5-6 数字化成效维度评测表

一级指标	二级指标	采集项	序号	题目	选项类型
数字化成效（20%）	绿色低碳（35%）	绿色低碳（100%）	12	企业数字化改造后每百元营业收入中综合能源消费量相比于改造前的变化情况 □增加 □持平 □降低 企业上年综合能源消费量为[ ]吨标准煤，前年数据为[ ]吨标准煤	单选
	产品质量（35%）	产品质量（100%）	13	企业数字化改造后月均产品合格率相比于改造前的变化情况 □降低 □持平 □增加 具体数值为[ ]	单选
	市场效益（30%）	市场表现（50%）	14	企业上年度人均营业收入相比于前年的变化情况 □降低 □持平 □增加 企业上年员工人数为[ ]人，营业收入为[ ]万元；前年员工人数为[ ]人，营业收入为[ ]万元	单选
		价值效益（50%）	15	企业上年度每百元营业收入中的成本相比于前年的变化情况 □增加 □持平 □降低 企业上年成本为[ ]万元；前年成本为[ ]万元	单选

备注：评分逻辑同表5-4。

(四)数字化经营调整评定方式

在《测评指标(2022年版)》中,相较于数字化基础、管理和成效三个维度,数字化经营维度的权重最大,因而在中小企业的数字化水平评测工作中具有重要意义。《测评指标(2024年版)》对该部分进行了较大幅度的优化,评分方式由原本的分数评定改为应用场景评定。这一优化为中小企业提供了更加丰富的场景选择,并且通过更加全面和综合的测评指标,旨在实现更加科学和精确的评测结果。

数字化经营应用场景等级的判定主要包括4个一级指标,分别为产品生命周期数字化、生产执行数字化、供应链数字化和管理决策数字化,这些一级指标下设有16个二级指标(业务场景)。其中,包括10项约束性场景(引导企业深度改造的重点场景)和6项指导性场景,详细内容见表5-7。

表5-7 数字化经营应用场景等级判定表

一级指标	二级指标(业务场景)	一级	二级	三级	四级
		企业应用信息技术工具辅助开展工作,实现相关业务的效率提升	企业对关键生产环节开展在线数据采集和应用,基于信息化系统实现关键业务环节的数字化、规范化管理	企业应用工业互联网等数字化技术开展信息和数据的实时采集和应用,通过跨部门、跨系统数据集成共享实现主要业务流程的数字化集成	企业运用人工智能等前沿技术引领转型升级,全面实现人机物互联互通,打造孪生工厂、资源智能调度、供应链可视化协同等先进制造典型应用,构建基于数据应用的模型驱动生产运营模式,持续推进产业链协同

续表

	一级	二级	三级	四级
产品全生命周期数字化	产品设计* 通过设计软件工具（如CAD、CAE、EDA等）辅助开展产品设计。	应用信息化系统开展产品设计，实现产品设计过程或版本的数字化、规范化管理，形成完整的产品设计资料（如方案、图纸、模型、设计BOM、版本、技术变更等）管理标准，并有效执行	建立典型产品组件及关键零部件的标准库及典型产品设计知识库，并能在产品设计时进行匹配、引用或参考，实现产品设计与工艺设计的协同，实现数据跨部门共享	运用仿真分析等技术实现对产品外观、结构、性能等进行试验验证或迭代优化等功能，并实现产业链上下游间的多方信息交互、协同设计或产品创新
	工艺设计 应用设计软件工具（如CAM、CAPP等）基于产品设计数据辅助开展工艺设计。	应用信息化系统开展工艺设计，并实现设计过程的数字化、规范化管理，形成完整的工艺设计数据（工艺方案、工艺流程、工艺文件、制造BOM、版本、技术变更等）管理标准，并有效执行	建立典型制造工艺流程、参数、资源等关键要素的知识库，并能在新产品工艺设计时进行匹配、引用或参考；实现工艺设计与生产系统间的数据交互、并行协同	建立数据模型，基于质量、成本等数据运用三维仿真等技术实现对于工艺设计的模拟仿真、迭代优化
	营销管理* 借助信息技术工具（如电子表格、云存储等）对销售信息（如销售计划、销售订单、销售运行、客户信息或销售业绩等）进行辅助记录和管理	使用信息化系统对营销信息（如销售计划、销售订单、销售运行、客户信息或销售业绩等）进行规范化管理	基于销售信息化系统实现对营销信息（如销售计划、销售订单、销售运行、客户信息或销售业绩等）的实时管控，实现销售信息化系统与生产、库存、财务等系统的数字化协同	使用人工智能等前沿技术，实现销售、财务、生产、供应链之间的数字化协同，实现实时销售预测，并自动或半自动制定采购、生产、物流等计划或方案，不断提升柔性化制造水平

续表

		一级	二级	三级	四级
产品全生命周期数字化	售后服务	运用信息技术工具（如小程序、APP等）对售后服务流程进行辅助管理	运用信息化系统实现售后服务流程的数字化、规范化管理，并与设计、工艺、生产、销售部门进行信息共享	建立售后问题清单，实现售后问题的快速响应，并能够指导产品设计、工艺优化，实现售后服务与财务、质量等系统的数字化协同（如供应商索赔、本厂质量考核账务处理等）	基于信息系统实现面向客户的精细化管理（如远程运维、主动式客户服务等内容）；或建立客户服务数据模型，实现满足客户需求的精准服务
生产执行数字化	计划排程	应用信息技术工具（如电子表格、云存储等）辅助人工编制生产计划	应用信息化系统辅助生成生产计划，基于生产计划进行生产准备检查（如物料、设备等），实现规范化管理	应用信息化系统实现基于物料安全库存、销售订单、采购提前期、生产交期等多约束条件自动生成生产计划，并实现生产计划的下达与执行	运用人工智能等前沿技术，建立生产排产与调度算法模型，实现自动给出满足多种约束条件的优化排产方案，形成优化的详细生产作业计划，生产情况实时监测，提前处理生产过程中的波动和风险，实现动态实时的生产排产和调度
生产执行数字化	生产管控*	应用信息技术工具（如电子表格、云存储等）辅助人工进行生产工单数据的记录	应用信息化系统实现生产工单信息（如生产工单进度、产量、物料领用/耗用等）录入、跟踪，实现规范化管理	应用信息化系统对生产工单信息、工艺参数进行数据采集，实现对生产过程中工单、物料、设备等的管控，实现信息化系统与其他系统（如生产计划、质量或设备等）的协同，实现数据共享	运用人工智能等前沿技术建立生产运行监测预警算法模型，实现对生产过程中工艺参数、设备状态等生产作业数据的在线分析与实时监测预警，并驱动生产过程的迭代优化与闭环管控，不断优化生产管理
生产执行数字化	质量管理*	应用信息技术工具（如电子表格、云存储等）辅助开展产品质量信息的管理	实现生产过程质量数据的数字化采集录入、统计与管理，基于信息化系统实现质量管理流程的规范化管理	应用数字化检测设备及信息化系统实现关键工序的质量检测，自动对检测结果进行判断和报警；或应用信息化系统实现对原材料、半成品、成品质量可追溯	应用前沿技术（如视觉质检）开展产品质量检测，提升检测效率和检测水平，开展产业链上下游质量数据跨企业共享；或构建产品质量管理模型，实现产品质量影响因素识别及缺陷预测性分析

续表

		一级	二级	三级	四级
生产执行数字化	设备管理*	通过人工或手持仪器开展设备点巡检，并应用信息技术工具辅助制定设备管理台账	通过信息技术手段制定设备维护计划，开展设备点巡检、维护保养等功能，实现设备的规范化管理	基于信息化系统实现设备关键运行参数数据的实时采集、故障分析和远程诊断，并依据设备关键运行参数等，实现设备综合效率（OEE）统计	建立设备运行模型和设备故障知识库，实现设备故障自动预警及自动制定预测维护解决方案，并基于设备综合效率的分析等驱动工艺优化和生产作业计划优化
	安全生产*	应用信息技术工具辅助开展车间安全生产规范的制定及管理	应用信息技术手段实现安全作业规范化管理，开展安全风险数据、重大危险源等在线监测	实现危险废物存储、运输的全流程信息化管理，实现安全生产风险实时报警，建立安全应急预案，实现安全事故处理与相关部门及时协同	基于安全作业、风险管控等数据的分析及建模，实现危险源的预防性管理、自动预警及响应处理
	能耗管理*	应用信息技术工具（如电子表格、云存储等）辅助人工进行能耗数据记录	应用信息化系统收集和管理水、电、气、液等能耗数据，实现基于能耗数据的统计分析，实现规范化管理	应用信息化系统或平台，实时采集和管理水、电、气、液以及影响设备能耗的关键数据，实现设备能耗的监测分析与相关部门协同管控优化	建立设备能耗监测与优化算法模型，实现设备能耗实时监测、能源转化效率分析、未来能耗预测及能源优化调度等
供应链数字化	采购管理*	借助信息技术工具（如电子表格、云存储等），辅助记录采购订单信息和采购过程信息	应用信息化系统对采购管理信息（如采购需求、采购订单、采购过程或供应商信息等）进行规范化管理	实现供应商管理、询报比价、采购计划、采购执行的全过程管理，实现应用采购信息化系统与生产、仓储、财务等信息化系统的数字化协同	运用人工智能等前沿技术，实现采购与内外部供应链之间的数字化协同，并实现供应链风险预警预测，动态优化采购策略和方案

续表

		一级	二级	三级	四级
供应链数字化	仓储物流*	使用信息技术工具（如电子表格、云存储等）辅助记录出入库信息，实现对库存数据的采集管理	使用信息化系统，对物料、成品、半成品、耗材等出入库、库存等数据信息进行统计，实现规范化管理	实现仓储管理信息化系统与生产、采购、财务等信息化系统的数字化协同	使用人工智能等前沿技术，实现仓储物流与供应商库存或客户生产计划间的数字化协同，并能够实现物流计划的自动制定与实施或厂内物料的自动配送；或按照产供销状况，实现智能仓储（如智能预测库存需求，自动调整库存补货策略等）及厂外智能物流（物流监测与策略优化）
管理决策数字化	财务管理*	使用信息化系统辅助实现日常财务记录，基本的总账管理和财务报表生成（如资产负债表、利润表、现金流量表）	使用信息化系统，实现总账、往来、存货、固定资产、出纳等与财务会计核算的协同，对财务实现规范化管理	实现业务数据与财务管理的协同，能支持企业的管理会计核算，实现通过财务的分析辅助决策，帮助企业快速掌握资产、负债、收入、成本、盈利能力等变动和使用情况，实现资产的优化配置和利用	实现企业内外部协同，实现企业财务管理全面智能化和数据驱动，并实现对企业未来的财务状况进行预测、规划和风险评估
	人力资源	采用信息技术工具（如电子表格、云存储等），辅助实现员工、流程的信息记录	基于信息化系统实现对考勤和薪酬福利等核心流程的规范化管理	利用人力资源数据分析工具进行关键指标分析，实现数据驱动的人力资源战略规划和决策制定	应用人工智能等前沿技术，实现个性化绩效管理、智能招聘与人才画像、个性化的培训和发展计划，支持战略性人才管理
	协同办公	应用信息技术工具（如电子邮件或文档共享服务等通信工具）辅助日常沟通和简单的信息共享及文档处理	部署具有更丰富功能的协同平台或办公软件，实现日常业务（如请假、报销、审批、通知、公告或新闻等）流程的数字化	应用协同平台实现与财务、采购、生产、项目管理等专业业务管理系统的集成，实现数据共享和业务流程的无缝对接，且利用移动工具，提升跨部门协作的效率和响应速度	应用人工智能等前沿技术实现内部、外部数据的协同，在自动问答、智能推荐、智能预测分析和自适应工作流程等办公场景，组织员工在高度互联和智能化环境中实现无缝协作办公

续表

		一级	二级	三级	四级
管理决策数字化	决策支持	运用信息技术工具辅助收集企业生产经营过程基本数据，为管理者提供简单的决策建议或方向	运用信息化系统，整合关键业务环节的数据，使用业务关联分析和决策支持工具，提供直观的可视化数据	利用数据驱动平台针对特定业务场景（如工艺设计、报价策略、生产计划、变更管理等）实施数据模拟与效能优化，助力决策者精准评估并采纳最佳实践方案	运用人工智能等前沿技术整合企业内外部数据，构建智能化的预测、预警和决策模型，辅助管理层或业务人员进行智能化流程决策，挖掘数据背后的深层次规律和价值

备注：1."*"为约束性场景。

2. 数字化经营应用场景相应等级的判定，应在完全满足低级场景的所有基本要求之后，方可进阶至更高一级场景的判定。

应用篇——区域

第六章

广州:"数网绿智"四化转型协同发展

一、顶层设计,规划数产融合转型广州新模式

近年来,广州市深入贯彻落实党的二十大报告中关于"建设现代化产业体系"的战略部署,坚持将经济发展重点放在实体经济上,围绕五大支柱产业布局,推出了"制造强市战略""着力建设先进制造业强市""产业优先、制造业立市"等一系列战略举措。这些战略举措旨在推动产业结构优化升级,促进制造业高质量发展。同时,广州市不断提升城市数字化转型的整体性、系统性和协同性,积极探索具有中国特色的现代化在广州市的实践路径。如图 6-1 所示为广州市数字化转型政策体系图。

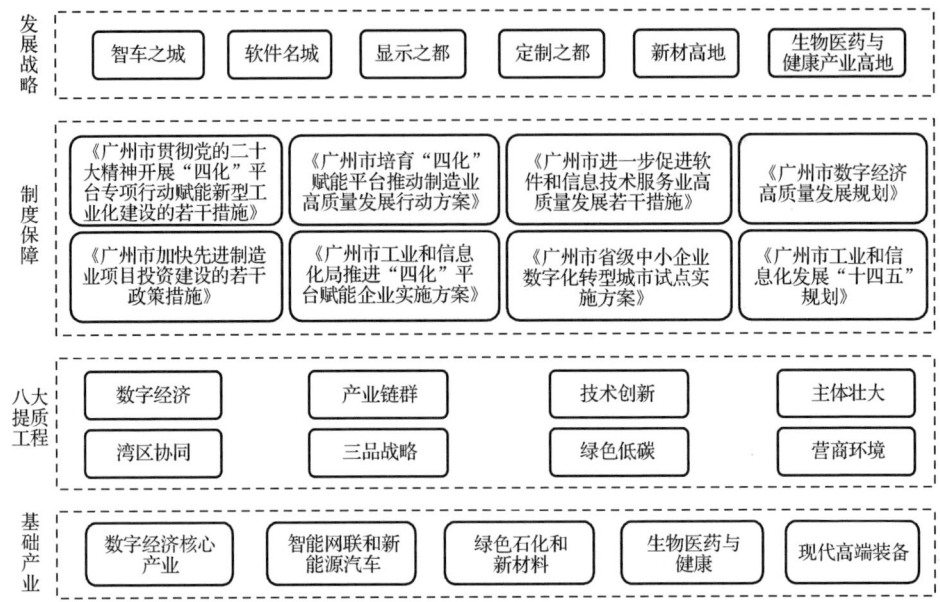

图 6-1 广州市数字化转型政策体系图

（一）战略协同，支柱产业"一盘棋"谋划

在顶层设计方面，广州市紧扣"制造强市"发展战略，以建设"一树五枝"现代工业和信息化产业体系为目标，超前布局数字化转型政策。广州市出台了国内首部城市数字经济地方性法规《广州市数字经济促进条例》，以及《广州市推进制造业数字化转型若干政策措施》《广州市深化工业互联网赋能改造提升五大传统特色产业集群的若干措施》等系列政策文件。同时，广州市先后投入21.4亿元，成立了广州市工业转型升级发展基金、广州市中小企业发展基金及受托制政府引导基金等多个金融平台，撬动千亿级金融资金，助力加快数字化转型。

在产业布局方面，广州市围绕打造人工智能与数字经济试验区，致力于建设数字经济融合发展的核心区。通过广深港澳科技创新走廊贯通全市重要产业平台节点，推动区域协同发展。同时，以黄埔、南沙、增城三大国家级开发区为引擎，带动全市经济高质量发展。此外，广州市还依托花都、番禺、从化三个省级开发区，以及广州市临空经济示范区和白云区民营科技园等区域发展极点，进一步强化产业园区和村级工业园的支撑作用。这些举措共同塑造了"一核引领、一廊贯通、三区五极、多园支撑"的空间新格局，推动数字经济实现跨区协同、多点联动和资源共享，为城市经济持续发展注入强大动力。

在路径规划方面，广州市以平台建设为关键抓手，全面升级并打造"五大支柱"产业。通过联合开展智车、强芯、亮屏、融网、健药、尚品"六大行动"，广州市推动各领域实现深度融合与创新发展。同时，广州市实施数字经济、产业链群、技术创新、主体壮大、湾区协同、三品战略、绿色低碳、营商环境等"八大提质工程"，全面提升各项发展质量。此外，广州市还着力建设"两城两都两高地"，即智车之城、软件名城、显示之都、定制之都、新材高地、生物医药与健康产业高地，进一步增强区域竞争力，推动经济的高质量发展。

（二）统筹规划，重点任务"一体化"推进

统筹科技创新和产业创新。广州市统筹科技创新与产业创新，实施"制造业转型升级、工业互联网引领、'专精特新'发展"等赋能行动，积极建设国家级和省级制造业创新中心。同时，广州市加快了华南（广州）技术转移中心、广州（国际）科技成果转化天河基地、香港科技大学科创成果内地转移转化总部基地以及工信部湾区制造业创新成果产业化服务中心等创新资源平台的建设，推动资源共享与流通，加强创新孵化，培育先进制造业企业。此外，广州市还鼓励企业通过平台探索新技术、新产品、新模

式和新业态，深挖网络化协同、个性化定制、服务化延伸等模式创新项目。对于部委遴选类项目，广州市将实施配套奖励，进一步推动创新生态的完善，助力经济的转型升级和高质量发展。

统筹龙头带动和各扬所长。广州市实施了"产业链群优化、'链主'平台领航"等赋能行动，支持"链主"企业发挥平台作用，组织高校院所进企业活动，促进校地、校企合作，探索科技成果的产业化路径。同时，广州市积极支持全市21条重点产业链的"链上企业"开展融合创新、供需对接和产品配套，推动现代高端装备、高端医疗器械、时尚产业等领域的应用场景匹配，推动产业链条的协同创新。

统筹绿色低碳和经济发展。广州市实施了"产业空间提质、绿色循环提级"等赋能行动，推动"工业互联网+节能"综合服务平台的发展，运用互联网、大数据等信息化技术，助力水泥、化工、食品、电子电器等行业实现能源管理智能化。与此同时，广州市高位推动"链长制"，大力发展先进制造业和战略性新兴产业，促进传统产业加速转型升级，构建精细、柔性、智能、绿色的新型制造体系。

（三）提速转型，新旧赛道"并进式"转换

聚焦传统优势产业，实施增"智"、向"数"、逐"绿"工程。在传统汽车、电子、石化等产业基础上，广州市立足本地资源禀赋，因地制宜、因时制宜，运用新技术和新模式培育新动能、塑造新优势，推动传统产业从"有"到"优"的转型升级。以广汽集团为例，通过"灯塔工厂"建设，实现了钢铝车身的柔性生产、数字化自主决策、互动式定制及能源综合利用，促进了广州汽车工业的技术创新和产业链优化，助力传统汽车产业向新能源汽车转型，完成产业结构升级。同时，广州市抓住智能网联汽车发

展的关键机遇期，积极加速打造万亿级"智车之城"，为未来的智能交通生态系统奠定基础。

聚焦新兴产业，实施以"新"引"质"、向"高"跃升工程。通过科技创新驱动生产力向新的质量形态跃升，广州市积极推动科技成果的转化与应用，实现新技术的"点石成金"，不断构建高质量的现代化产业体系。目前，智能网联汽车、新一代信息技术、生物医药等战略性新兴产业，已经成为广州市产业动能转化中的重要支点。

二、因地制宜，开展"四化"赋能专项行动让企业"敢转"更"会转"

2022年1月，广州市出台了《广州市贯彻党的二十大精神开展"四化"平台专项行动赋能新型工业化建设的若干措施》（以下简称《措施》），旨在通过构建"四化"政策体系，提出转型问诊治疗"全科医院"模式，重点推动"四化"平台赋能中小企业和产业集群。该政策统筹规划并推进全市"四化"平台赋能企业的提升工作，力求实现"平台优、企业好、产业强"的目标。《措施》中提出了十大赋能行动，包括赋能制造业转型升级行动、赋能工业互联网引领行动等，全面推动产业向智能化、绿色化、数字化和网络化的融合发展。为协助企业进行评估与诊断，广州市已面向全国公开遴选了122家"四化"赋能重点平台，供企业自主选择改造方向。此外，广州市已投入超过百亿元人民币的财政资金，采用"政府补一点、平台让一点、企业出一点"的合作模式，全力支持企业在数字化、网络化、智能化和绿色化方面的转型升级，推动企业提升核心竞争力，促进全市产业实现高质量发展。

（一）培育三维"四化"平台体系，企业转型由"繁"到"简"

梯次布局产业创新类平台体系。面向重点领域，广州市将组建国家级和省级制造业创新中心，推动企业技术中心、软件示范平台、5G创新中心、工业设计中心（研究院）等产业创新平台的建设，打造"2+2+N"科技创新平台体系[1]。同时，广州市将加强"四化"关键核心共性技术的攻关，推动成果转化平台和中试平台等创新载体建设，着力打通创新成果转化的"最后一公里"。目前，广州市已经成为全国唯一一个汇聚国家实验室、综合类国家技术创新中心、国家重大科技基础设施以及国际大科学计划等国家级重大平台的城市。

搭建开放共享基础性平台体系。面向全市企业及产业发展的基础环境，广州市积极开放基础设施和共性技术能力，推动"企业转型，平台支撑"的战略。目前，广州市的阿里云、百度智能云（广州）、科大讯飞华南、唯品会、广电运通等企业已入选"基础型平台"，这些企业的加入有效提升了广州算力中心、制造业数字化转型促进中心、数据中心等关键载体的数字化水平。此外，这些平台还加速了在清洁能源、城市电力、智慧供排水、智慧交通、智能停车等领域的应用落地，推动了广州在智能化、绿色化转型方面的快速发展。通过这些举措，广州市不断增强数字经济的核心竞争

---

1. "2+2+N"科技创新平台体系：第一个"2"指广州实验室和粤港澳大湾区国家技术创新中心；第二个"2"指人类细胞谱系大科学研究设施和冷泉生态系统研究装置这两个重大科技基础设施；"N"则包括国家新型显示技术创新中心，以及生物岛、南方海洋科学与工程、人工智能与数字经济、岭南现代农业科学与技术等4家省实验室。此外，还包括广东粤港澳大湾区国家纳米科技创新研究院、广东空天科技研究院等多个高水平创新研究院和重大创新平台。

力,为产业转型升级提供了有力支撑。

构建多领域协同服务型平台体系。广州市将汇聚"政产学研用金"协同合作资源,开放公共服务和专业技术服务能力,推动"产业发展,平台配套"的战略布局。通过建设"四化"赋能公共服务平台,广州市将实施全生命周期的跟踪与服务,建立市区两级企业服务体系,确保各项政策和服务精准落实。同时,广州市还将运用"链长制"政企协同管理平台和"穗好策"平台,打通政策宣传和服务的"最后一公里"。

(二)组建"1+1+N"产业生态联合体,企业转型由"单打"到"团战"

除了搭建平台体系支撑企业转型,广州市还积极促进头部企业与中小企业之间的良性互动。通过推动头部企业的数字化转型,带动中小企业共同实现转型升级,广州市为中小企业提供了有力的示范作用和经验支持。这种"头部企业带动中小企业"的模式,成为了激励企业"敢于转型"的重要推动力。

建立统筹推进机制,构建行业服务生态。由供应链的头部企业和产业链牵引企业等数字化牵引企业牵头,联合提供数字化集成服务的企业(如行业系统集成解决方案商)以及多个产业生态企业(如专业软硬件企业、产业链生态企业等),通过商业订单作为重要牵引力量,聚合产业生态资源,共同推动中小企业的数字化改造。

摸底行业数字化基础,明确企业改造意愿。广州市深入调研不同产业中的中小企业数字化转型需求和政策需求,通过与企业的沟通交流、现场观察等方式,全面了解企业当前的数字化水平、面临的挑战以及具体需求。根据调研结果,广州市将企业的需求进行分级分类,并编制详细的转型需求目录。

形成行业需求场景矩阵，明确企业改造路径。广州市确定行业数字化转型的典型场景，探索适用于 SaaS 服务的领域，并制定与行业特征和需求相匹配的配套政策，以推动各行业的数字化转型。面向全市征集试点企业，根据细分领域企业的发展情况，选择基础扎实、需求强烈的企业作为试点对象，实施精准扶持。通过组织供需对接会和产融对接会，促进企业与合适的服务提供商之间的对接与合作，推动技术与需求的精准对接。中小企业根据自身数字化转型需求，可以从资源池中自主选择适合的服务商，服务商根据企业具体需求提供实施方案并开展数字化改造。

（三）打造"万千百"产业链群梯队，企业转型由"单点突破"到"链式联动"

2021 年，广州市委办公厅和市政府办公厅联合印发了《广州市构建"链长制"推进产业高质量发展的意见》，提出到 2025 年，广州市将推动打造智能网联与新能源汽车、软件和信创、建筑业和规划设计、现代金融等 8 个万亿元级产业链群，全力建设超过 20 个千亿元级产业链群以及一大批百亿元级新兴产业链群，形成"万千百"规模化产业链群梯队。

以"链长制"为抓手，高位推动产业链"四化"升级。广州市积极探索产业链的深度发展，致力于打造全面完善的产业链和产业集群生态系统。以"链长制"为抓手，推动各产业链群向上下游延伸，形成较为完善的产业链和产业集群，推动产业链"四化"（数字化、智能化、绿色化、服务化）升级。围绕先进制造业产业集群和重点产业链，广州市组织推进各项活动，既通过头部企业的引领和带动，发挥头部企业的示范效应，又通过激励竞争机制促使企业进行改革创新。这两种方式共同作用，促进了上下游企业的深度协同合作，加速了产业链的转型升级。广州市特别重视纺织服装、美妆日化、智能家电、珠宝首饰、食品饮料五大产业集群的发展,并为这些产业集群的头部企业赋予了重要使命。

鼓励实施"四化"转型示范项目,为行业转型提供参考方案。广州市积极推进"四化"新模式的应用,致力于将数字化转型经验转化为标准化解决方案,并向产业链上下游企业广泛辐射推广。这一举措有效提升了整个产业链的协作效率和供应链的一体化协同水平。在此过程中,广州市着力打造一批智能工厂和数字化车间,以提升产业链的智能化水平。这些智能工厂和数字化车间不仅成为广州市产业链转型升级的重要标志,也是提升产业链协作效率和供应链一体化协同水平的关键所在。

总体来说,广州市通过"四化"转型升级,推动产业链向上下游延伸,形成了一个较为完善的产业链和产业集群生态系统,实现了数字化与产业的深度融合,进一步推动了广州市产业的升级和经济的高质量发展。

三、一企一策,把脉转型盲点、难点和痛点,靶向产业转型升级

为促进制造业企业的数字化转型、网络化协同、智能化改造和绿色化提升,广州市启动了"四化"赋能专项行动,并发布了《广州市贯彻党的二十大精神开展"四化"平台专项行动赋能新型工业化建设的若干措施》这一顶层文件及一系列配套实施细则。该行动聚焦于企业转型升级和高质量发展中的关键问题,建立了"四化"平台的"征集—遴选—推广—评价"工作体系。该平台已成为重点领域的"领头羊"和"综合医院",为企业提供"评估、规划、实施、优化"全流程的专业服务,助力产业转型与升级。

一是推动工业企业受益。广州市组织专家深入企业现场进行"把脉问

诊"，对每个企业在转型过程中面临的问题进行详细的原因分析，并通过集思广益、汇聚专家智慧，形成切实可行的解决方案。在制定"药方"后，继续为企业提供跟踪服务，确保企业能够解决实际问题，从而切实增强其核心竞争力。

二是致力于构建多层次、差异化的平台服务供给体系。广州市分阶段建立并完善"四化"赋能重点平台服务商目录，同时打造案例库和产品资源池，通过丰富的案例和资源为平台提供强有力的支持，提升平台的获客率，改善服务质量与效率，以满足不同客户需求，推动平台的可持续发展。

三是完善数字化转型的配套服务生态。广州市在市制造业企业数字化转型工作专班下设立"四化"推进工作组，统筹规划和推动"四化"平台赋能企业数字化提升相关工作。同时，推动成立了广州市"四化"服务基地和市制造业"四化"促进联盟，并发布了"穗智转"公共服务平台，遴选了5家国家级智库机构为广州市制造业企业提供"四化"评估和诊断服务。

接下来，将针对广州市"四化"赋能专项行动中，涉及数字化转型、网络化协同、绿色化提升以及智能化制造等方面的诊断过程中存在的问题和对策建议进行详细介绍。

（一）数字化转型：数据驱动，开创数字管理新格局

数字化转型是企业实现优化升级的重要基础，它直接影响企业在数据要素汇聚、应用与治理方面的能力。企业的"四化"发展必须以数字化为支撑，通过将新一代信息技术与核心业务深度融合，推动传统企业在生产方式和生产关系上的深刻变革。

在对企业进行数字化转型的诊断过程中，我们发现广州市制造业企业在数字化转型方面存在诸多问题，主要集中在数据治理、多层级全流程数

据集成以及数据智能分析挖掘应用等方面,整体水平有待提升。具体来看:一是数据治理领域存在明显短板,数据质量管理问题尤为突出。数据在采集录入、基础清洗、存储与访问权限、安全保障以及质量管控闭环等方面存在不足,同时数据质量培训也未能有效开展。大部分企业尚未组建专业化的数据治理团队,难以应对当前的挑战。二是底层数据管理系统的集中化水平亟待提升。当前系统缺乏针对特定领域或主题的数据交互接口,导致数据难以在企业内部各流程与层级间实现高效共享与访问。在生产工序流程、仓储物流全过程等关键场景中,数字化集成程度较低,数据采集与交互难以触及设备层,且未能与上游供应商销售系统实现有效集成,这在很大程度上阻碍了企业进一步挖掘数据价值,提升数据驱动业务创新的能力。三是智能化应用的深度与广度均需加强。由于尚未部署大数据分析等先进应用,企业在运维等关键领域难以实现精准管理与决策支持。这不仅限制了企业运营效率的提升,也制约了其在市场竞争中的优势发挥。

为有效应对上述问题,企业应在数据采集交互、数据集成共享、数据智能分析和治理等方面进行全面优化与改进。

在数据采集交互方面,企业应积极引入数字化手段进行数据采集,如通过控制系统和智能装备等途径获取数据,并对采集到的数据进行加工处理,进而为管理层的生产监控模块提供数据服务。具体而言,企业可以将全厂监测数据实时采集至数据库中,进行分类、压缩、报警、记录等操作,并为其他系统提供访问接口,以实现数据的高效流通与共享。

在数据集成共享方面,企业应致力于完善数据底座,统一数据架构。依据整体规划的技术架构和数据架构,搭建工业互联网平台,实现生产数据、管理数据、运营数据、检测数据等各类数据的全面集成。通过制定统一的数据标准,为企业未来的数字化转型发展提供坚实支撑,有效减少企业在建设过程中的重复投入和无效投入。

在数据智能分析和治理方面,企业应着力实现产品全生命周期的数据分析，构建满足不同场景分析应用需求的数据算法模型。例如，基于积累的大量研发、生产和销售等数据，运用大数据、人工智能等数字技术，开发可视化数据分析工具，对历史数据进行深度挖掘与分析，充分释放数据价值，为企业决策提供有力支持。

（二）网络化协同：价值链重构，催生内生联结新业态

网络化协同是企业与产业链上下游协同发展的关键因素，企业内部各环节、各部门的协同能力以及企业对产业链上下游的合作机制，直接决定了企业在产业链供应链中的影响力。企业的"四化"发展需以网络化为桥梁，建立企业与企业之间、企业与平台之间的协作网络，共同建设现代化产业体系。

在对广州市制造业企业进行数字化转型的诊断过程中，发现了一些关键问题，包括产业网络协同创新不足、工业网络应用规范化部署成效不足等。在产业链协同层面，制造业企业面临外部合作意愿不足、上下游竞争与合作交织的复杂局面，以及协同过程成本高昂的问题。此外，缺乏独立的第三方机构来确保交易过程的公正性与透明度，这增加了产业链协同的难度。以工业母机、整机与成套设备、船舶等细分装备行业为例，这些行业的零部件非标准化特性明显、种类繁多，且上游供应商数量庞大，对产业链的高度集中与协同提出了更高要求。目前，广州市的制造业企业存在资源分布零散、整体效率低下以及集群内协同创新能力不足等问题。

在网络环境层面，工业网络的构建对企业管理的规范化和信息化基础建设提出了高标准要求，其顺利运行依赖于一个相对完善的底层物理信息系统。具体而言，这一领域面临以下 4 大挑战：一是制造业企业往往涵盖

了多样化的设备和复杂的生产流程，每一设备和流程均展现出独特的特性与复杂性。因此，在工业系统的设计、开发与集成过程中，必须充分考虑各类控制方式、传感器、执行器等组件的兼容性与协调性，这无疑增加了工作的难度与复杂性。二是工业生产过程中，生产装备、传感器、控制系统与管理系统之间需实现紧密互联。然而，由于这些设备可能来自不同的品牌、型号，甚至跨越了不同的使用年限，它们之间的通信协议与接口往往存在不一致的问题，这进一步加大了系统集成的难度。三是工业网络的安全可靠性是至关重要的。为确保数据的安全传输与存储，必须实施网络隔离、访问权限控制、数据加密等一系列安全措施，以抵御潜在的安全威胁。四是工业网络的构建与运维涉及自动化控制、传感技术、网络通信等多种技术领域，这要求相关从业人员必须具备扎实的专业知识与丰富的实践经验，以满足制造系统设计、开发、集成与运维的高标准要求。

为有效应对上述问题，企业应在产业链协同、网络环境、网络安全保障等方面进行系统性的优化与改进。

在产业链协同方面，企业内部各部门之间可以通过企业资源计划系统等信息化工具加强内部协同。同时，企业应充分利用其在市场中的地位，通过提升供应链相关系统的集成程度，实现与供应商销售系统的无缝对接和协同供应。这不仅能够有效降低采购成本，还能显著降低采购风险。通过这种集成和协同，企业能够提高生产运营的效率，确保整个生产流程更加顺畅和高效，从而在激烈的市场竞争中保持竞争优势，实现可持续发展。

在网络环境优化方面，企业应尽快构建全厂级的网络覆盖，支持与现场设备、现场作业岗位、现场作业PDA、工控机等的即时数据交互，以提升企业现场管理水平。具体而言，企业可以通过部署工业以太网、工业无线网络等技术，实现生产设备的互联互通，优化生产流程的自动化和智能化水平。

在网络安全保障方面，企业应建立完善的信息安全管理制度和技术防护体系。增强网络防护意识，开展信息系统等级保护和工业互联网企业网络安全分级测评，建立信息官制度，定期开展网络安全教育培训等。通过这些措施，企业能够有效抵御网络攻击，确保数据的安全传输与存储，保障工业网络的稳定运行。

通过在产业链协同、网络环境优化和网络安全保障等方面的综合改进，企业将能够更好地应对数字化转型过程中面临的挑战，提升自身的竞争力和可持续发展能力。

（三）绿色化提升：产业结构升级，探索多元发展新路径

绿色化提升是企业可持续发展的关键因素，它影响着企业在研发、制造、质量检验、运维服务等全流程中的绿色化水平。这些流程的绿色化水平不仅决定了企业在"四化"发展中的前瞻性和承担的社会责任，更是"四化"长期性和前瞻性的重要体现。

在对广州市制造业企业的诊断中，发现其在绿色化提升方面存在以下问题：一是绿色绩效闭环机制尚未建立，在线监控绿色管理体系存在不足。二是制造业企业在制定战略规划时，对绿色化的重视程度相对较低，相关绿色化工作主要聚焦于满足最低限度的监管要求，呈现出一种被动绿色化的状态，并未被纳入企业的优先发展议程。三是绿色化转型面临着成本高但效益回报相对较低的挑战，当前的绿色化投入尚未能充分转化为企业的经营优势。四是制造业企业的绿色化标准体系尚待完善，这导致企业缺乏主动推动碳核算、碳监测等工作的内在动力，同时在推动产业链上游实现绿色化方面也面临较大困难。

欧美地区通过构建欧盟碳排放配额交易体系、研发并实施碳捕集与

封存等低碳技术、确立并执行节能标准和认证体系，以及引导企业开展碳足迹的计算与报告等措施，稳步构建绿色化壁垒并巩固市场优势。相较之下，广州市在制造业领域尚未形成行业或地区的统一标准与市场机制，其在工业节能绿色技术、装备及效能提升方面仍显薄弱，亟待进一步加强。

为了有效应对上述问题，广州市需要加强标准的引领作用，致力于建立和完善"四化"标准体系。这包括加速研制基础共性标准、关键技术标准以及应用标准，特别是在绿色化领域补齐短板，加快制定制造业碳监测、碳核算等相关标准。在此基础上，广州市还应依托产业链网络协同平台，积极探索并建立制造业产品的绿色低碳认证、碳交易等应用体系。广州市应充分发挥制造业链主企业的示范带动作用，通过绿色化传导机制，逐步扩大产业链上企业在清洁生产审核、绿色工厂建设、绿色供应链管理、企业培育以及零碳工厂创建等方面的覆盖面，从而全面提升整个行业的绿色发展水平与整体成效。

同时，企业应致力于逐步提升智能化资源和能源管理水平，通过加强智能水表、电表的安装与应用，构建能源和水的远程采集系统及智慧能源管理系统，实现对各用能单位的能源消耗数据实时采集、分析并自动控制，从而达到系统化管理和节能的目标。在产业链绿色化提升方面，企业需开展分梯度、分层次的绿色诊断工作，结合同行业企业的先进水平进行对标，为行业企业明确绿色发展水平改进的空间，并提出具体的提升方案。

（四）智能化制造：生产要素重塑，构建人机协同新范式

智能化改造对于企业实现"四化"具有决定性作用，它构成了企业在

研发、制造、质检、运维、服务等全流程中的基本实力。工业设备和生产线是智能化改造的关键环节。只有在这些基础上，企业才能真正形成并实现数据价值和网络价值，进而成为"四化"转型的决定性因素。

在对企业进行诊断的过程中，发现广州市制造业企业在智能化制造方面存在以下问题：一是设备自动化数据采集与智能化运维不足，二是生产计划与调度自动化执行水平不高。具体来看，一方面，由于生产设备的核心技术与数据协议存在壁垒，企业在数据采集、处理、存储和应用方面遇到诸多挑战。此外，由于设备的多样性和复杂性，装备产品的定制化特征显著，技术参数、维护需求和操作流程难以统一，导致设备运维分析涉及多个组件和系统，操作经验难以固化，这增加了精确排查与追溯分析的难度。

另一方面，在计划与调度方面存在一些明显的短板。生产计划难以实时在线下达至各个机台，产品工艺数据未能实现结构化和实时共享，这与装备产品高度非标准化、零部件种类繁杂等制造工艺特点密切相关。在生产流程中，企业需要综合考虑采购、零部件制造、装配、测试等资源的分配。同时，面对客户订单需求与市场变化，计划和调度必须具备高度的灵活性。此外，还需要兼顾最大化产能利用率、缩短交货周期、降低生产成本等多个目标。因此，企业需要实现订单、工艺、设备与人员资源、库存等数据的集成，并确保数据的准确性，从而提高整体生产效率与竞争力。

为解决上述问题，制造业企业应加强新型传感器、智能测量仪表、工业控制系统、网络通信模块等技术在关键技术设备中的集成应用。在数字化水平较高的关键领域，企业应积极探索人工智能技术的融合应用，推动智能装备向自感知、自决策、自执行、自优化方向发展，从而实现设备本体的全面"网络化、数字化、智能化、绿色化"转型。一是应充分利用"视觉/超声等传感器+雷达+导航定位+AI"等多种技术组合方式，差异化地满足各类装备的信息感知需求。同时，采用微型化、柔性化、集成化的传感器技术，进一步提升对装备本体运行数据的采集能力。二是运用大数据分析及人工智能等先进技术，持续优化设备的事前动作模拟、事中辅助分析等功能，通过算法与装备环境数据的深度融合，逐步实现智能化、自主分析决策的目标。三是应推动设备动力源向电动化方向发展，助力设备本体的绿色化转型。在此过程中，应将能耗智能管控作为设备智能化升级的基础功能，为节能减排提供数据支撑。同时，结合人工智能芯片、算法与装备末端执行部件，提升边缘智能执行水平，进一步提高能源使用效率。

在设备服役与运维环节中，一是推动设备由单体智能向群体协同智能的演进。此过程紧密围绕服务应用场景，以解决实际问题为导向，深度融合 5G、人工智能、AR/VR 等数字技术，旨在提升设备本体、设备与人、设备与设备、设备与环境等作业流程的智能化水平。通过引入 AR/VR、脑机接口等先进技术，显著提升人机交互效率，进一步促进设备、人、环境之间的深度融合，从而增强群体智能的深度与协同范围。二是基于智能产品（设备），积极构建物联网与云服务平台，致力于拓展智能化"产品+服务"模式，实施产品全生命周期管理服务。在确保合规的前提下，加强数据采集与分析应用，提供精准化、个性化的服务，优化用户体验，增强品牌竞争力。三是运用数据模型，全面收集设备运行状态数据，依托聚类、回归等传统统计分析算法，并设定合理阈值，实现设备运维的实时监测与预警功能。四是采用数据与机理融合的方法，基于知识图谱进行装备故障推理诊断。通过不断迭代优化，涵盖建模、抽取、融合、存储、推理等五大环节，持续丰富与完善故障机理知识图谱。同时，结合实时物联网数据、人工智能与机理模型，实现基于故障模型与运行数据的状态监测与故障识别，并结合退化模型与实时数据进行预测性维护，从而提升运维效率与设备可靠性。

广州市拓璞电器发展有限公司"四化"转型案例与广钢气体（广州）有限公司"四化"转型案例见表 6-1 和表 6-2。

表 6-1 广州市拓璞电器发展有限公司"四化"转型案例

企业名称	广州市拓璞电器发展有限公司
企业简介	广州市拓璞电器发展有限公司（以下简称"拓璞电器"）成立于 1998 年 12 月 28 日，是一家专业从事高档中小家用电器产品从研发到加工制造的中外合作企业，也是当前全球大型高档电水壶制造商之一
"四化"诊断情况	在数字化方面，企业已具备初步的数据采集应用能力。在此基础上，建议进一步加强数据采集与集成共享能力，通过建立统一的操作平台，实现各职能部门之间工作的无缝衔接，增强企业内部的横向协同能力。此外，建议企业利用新型数字技术深挖数据价值，充分发挥数据的赋能作用。 　　在网络化方面，企业应加强内部供应链集成，实现各个信息系统的协同互联，重点推进销售、设计和生产的集成及数据闭环管理。同时，建议企业进一步完善信息安全管理制度和技术防护体系。 　　在智能化方面，企业应重点提高设备健康管理的智能化水平，加快落地与企业需求相匹配的生产管理系统，实现生产计划按需调整、生产进度实时反馈、生产过程动态监控、生产数据智能分析等功能。 　　在绿色化方面，企业应加强能源管理系统建设，监控每台生产设备的能耗情况，并实现智能、动态能耗优化。此外，建议企业进一步建立与能源管理系统配套的奖补机制。同时，针对电缆产品推进绿色产品设计，建立产品全生命周期环境数据库，探索产品生产过程中的余料、废料回收机制
转型方案	（一）网络基础设施建设 　　网络基础设施建设是企业实现数字化、智能化和网络化转型升级的核心环节。企业应根据自身需求和资金预算，合理搭建专线网络、5G 网络等现代化网络基础设施，确保网络在车间层面的全面覆盖，从而提高关键环节和业务的数据传输效率，并确保数据的完整性。为加速生产设备和业务流程的网络化升级，企业可以通过加装芯片、传感器等智能设备，加快设备的数据采集、存储和集成的自动化或半自动化进程，从而提升设备的联网率。 （二）制造执行系统建设 　　建议企业建立车间制造执行系统（MES），实现计划、调度、质量、设备、生产和能效的全流程闭环管理。MES 能够实时监控生产过程，提高生产效率和质量，优化资源配置。此外，企业还应搭建企业资源规划（ERP）系统，以实现供应链管理、仓储物流、成本控制和企业运营等方面的优化，全面提升运营效能。在完成 MES 和 ERP 系统搭建后，企业应在车间内部建立互联互通的网络架构，将研发设计、工艺控制、生产制造、质量检验和物流管理等各环节进行有效衔接。通过 MES 与 ERP 系统的协同与集成，能够实现产品信息全生命周期的数字化、智能化管理。 （三）智慧能源管理系统建设 　　企业可以进一步完善智慧能源管理系统，通过实时监控和采集各生产设备及运营设施的能源消耗数据，并将这些数据进行集成化存储与管理。结合数字孪生等先进

续表

转型方案	数字技术，企业能够生成多维度的能源消耗数据分析报告，为企业的管理层提供科学的决策参考，推动能效优化和成本控制。此外，企业还可以探索将智慧能源管理系统与5G网络进行深度融合。凭借5G网络低时延和高可靠性的特点，可以实现对能源消耗的动态、实时管理与优化。 （四）机器视觉检测建设方案 　　机器视觉是通过机器代替人眼进行测量和判断的一种技术。机器视觉系统由图像摄取装置（包括CMOS和CCD两种类型）组成，将被摄目标转化为图像信号，并将这些信号传输至专用的图像处理系统。系统通过处理图像，提取目标的形态信息，基于像素分布、亮度、颜色等特征，将其转换为数字化信号。图像处理系统对这些信号进行各种运算和分析，提取目标的特征，并根据判别结果，控制现场设备的动作。 （五）构建数字集成的工业互联网平台 　　通过将所有生产设备和产线接入系统，企业可以确保数据的完整性，并加快各业务领域数据系统的集成。实现从研发、生产到销售等全流程的数据汇总到统一平台上，将形成一个集"人、机、料、法、环、测"为一体的数据采集、监控和应用平台。通过这一平台，企业能够更好地发挥数据的价值，全面实现数据驱动，提升生产效率和决策精准度。如果能够将不同来源的数据汇聚到统一的平台上，企业将能够充分挖掘数据的潜力，为数字化建设提供强有力的支持，推动整体运营效率的提升

表6-2　广钢气体（广州）有限公司"四化"转型案例

企业名称	广钢气体（广州）有限公司
企业简介	广钢气体（广州）有限公司（以下简称广钢气体）的主营业务包括研发、生产和销售以电子大宗气体为核心的工业气体，主要产品涵盖氮气、氦气、氧气、氢气、氩气等，广泛应用于电子半导体领域以及通用工业领域。公司围绕电子大宗气体和氦气两大主营业务展开研发活动，核心技术覆盖气体制备装置的设计、投产运行、气体储运、数字化运行以及气体应用解决方案等各个环节。凭借其强大的技术实力和完善的服务体系，广钢气体已经发展成为国内领先的电子大宗气体综合服务商
"四化"诊断情况	在数字化方面，企业已具备较为完善的数字化基础。建议在此基础上进一步加强数据集成与共享，通过建立统一的操作平台，实现各职能部门之间的无缝衔接，提升企业内部的横向协同能力。同时，建议通过新型数字技术深入挖掘数据价值。 　　在网络化方面，广钢气体已实现全厂级网络覆盖，具备较为坚实的网络基础。然而，在物资采购方面，企业需要加强与下游企业的联动，提升供应链的响应速度与效率。与此同时，建议进一步完善信息安全管理制度，并加强技术防护体系。

续表

"四化"诊断情况	在智能化方面，企业已具备一定的智能化程度，但在生产计划与调度、设备管理等环节仍有改进空间。建议通过改进现有信息系统，引入先进的排产调度算法模型，实现智能化排产与生产计划优化。同时，可以进一步结合人工智能技术，实现基于设备实时状态的主动运维、设备状态异常的基于事件的预警、远程运维诊断和自动化巡检等智能化运维功能。 在绿色化方面，企业可以通过开展耗能设备的实时监测、控制与分析，以及污染物的监控，推动能源消费的低碳化、资源利用的循环化，并实现系统性减污降排的一体化管控
转型方案	（一）基于数据管理平台加快知识积累和数据应用 建议企业基于已有的数据管理平台，在实现信息协同透明的基础上，通过大数据、人工智能等技术，对企业核心业务各阶段积累的知识进行代码化和模型化。具体而言，可利用数据中台技术、ETL 技术以及 API 与微服务架构等手段，实现多源异构数据的融合与存储。在此基础上，构建预测模型，对未来事件进行预测，从而有效提高科学决策水平，探索数字化转型的深度应用。一方面，从纷繁复杂的信息中提炼出有用的知识；另一方面，综合运用多种知识为隐性问题提供正确合理的建议，满足处理当前工业场景中不确定性和大规模复杂问题的需求，以此构建新的核心竞争力。同时，企业应开展数据资源目录编制工作，加强数据清洗和预处理，确保数据质量。可参考数据清洗与预处理的常用方法，如缺失值处理、异常值检测、重复数据删除等，以实现数据资源的可视、可管以及企业内外部数据共享。 （二）推进异构系统打通整合助力信息互联互通 企业应将建立数据中台作为重点项目，致力于打通各异构信息系统，整合企业内部的信息流、工作流和审批流等数据。通过汇聚 MES 和 ERP 系统等关键系统的数据，企业可以形成标准化的数据资产，提升数据的统一性和可用性。在此基础上，企业可以进一步构建企业云平台，通过对储备的数据资产进行实时、持续的分析和处理，确保各职能部门之间实现无缝衔接，提升企业内部的横向协同能力。通过这种方式，企业不仅能够增强生产预测能力，还能推进管理决策的自动化、智能化和数字化。 （三）建立绿色制造体系并配置环保设备设施 企业应积极推进绿色制造体系建设。首先，需加大对环境保护治理基础设施建设的投入，优化企业的用能结构，建设太阳能发电和分布式储能系统，并在生产厂区充分利用自然光作为照明光源。与此同时，应开展全周期碳足迹核算，根据核算结果推进绿色化提升，落实"双碳"目标。其次，企业应加快环保监测治理的数字化发展，全面、实时地采集和监测生产与运营全过程中的环保数据。通过建立环境治理模型对相关数据进行分析，预测企业的用能和排放情况，并自动提供优化方案。借助信息技术手段推动节能减排，进一步提升环保管理水平。

续表

转型方案	（四）空分生产装置 APC 先进控制技术方案 　　APC 先进控制技术方案主要包括先进控制平台、智能测量软件、多变量预测控制软件和智能控制软件等组件。该方案能够提供准确的关键工艺参数在线计算值，确保产品品质的一致性，同时保证装置能够长周期稳定运行，接近其最大产能，实现流程工业企业的"安全、稳定、长周期、高产能、优质"目标。通过实施空分生产装置的 APC 先进控制技术方案，预计能够显著增强空分生产装置的安全性和平稳性，提高过程系统的整体控制性能。同时，该方案可实现更高精度的"卡边"优化，提升产品效率，降低物耗、能耗和污染物排放，从而有效减少运行成本

第七章
深圳：供需对接图谱双向赋能

为深入贯彻落实粤港澳大湾区、深圳先行示范区"双区"建设及深圳综合改革试点等重大战略部署，加快推动数字经济产业发展，打造数字产业化和产业数字化双引擎，深圳市立足于为全国数字化转型提供试点经验，持续强化工业经济政策与服务供给，提升工业经济在更高层次的稳定运行能力，促进工业数字化转型，激发工业数据要素潜力，构建以工业为核心的新型城市发展格局，培育制造强市的新优势。

一、先行先试，建设数字化转型公共服务体系

为助力企业加速数字化转型，深圳市龙华区积极贯彻落实《深圳市人民政府印发关于推动制造业高质量发展坚定不移打造制造强市若干政策的通知》等文件精神和要求，并结合区域实际，推出了一系列创新举措。截至 2024 年，龙华区已实施一系列数字化转型先行先试政策，设立专项补贴，鼓励企业开展数字化转型。通过合理融入数字化转型评估诊断环节，为企

业精准把脉问诊，明确转型路径。同时，依托智库的资源优势和加速器作用，推动数字化转型的理论、方法、实践在龙华区落地生根。龙华区通过数字化转型项目备案，引导企业转型建设、跟踪政策成效，并开展标杆遴选、服务商评价等工作，引领转型方向，整合生态资源。特别是通过"深圳（龙华）数字赋能公共服务平台"，建立了专业化、社会化、网络化的新型数字化转型公共服务体系。

（一）诊断摸底，"一企一策"掌握企业数字化水平底数

深圳（龙华）数字赋能公共服务平台，为企业提供数字化水平评估与诊断服务。作为数字化转型相关项目申报的前置环节，评估诊断是全面掌握企业数字化转型发展现状、科学确定企业数字化水平的标准和工具，其结果是申报资料的关键组成部分。一方面，评估诊断帮助企业明确数字化转型项目在执行前期的方向与预期，高效引导企业开展转型，提供详细且可实施的转型规划方案，并推荐适合企业的产品和服务；另一方面，评估诊断为政府精准施策提供了有效的数据支持。结合行业和区域特点，组织开展数字化转型诊断咨询活动，数字化服务商和第三方咨询服务机构为企业数字化转型提供专业支持。专家团队深入企业的工作岗位、产线和车间，通过现场调研、问卷调查、交流访谈等多种方式，精准对接企业需求，梳理出企业转型中的瓶颈与短板，帮助企业识别数字化转型过程中的难点和阻力。最终，形成一套切实可行的解决方案，加速推动企业的数字化转型与升级。

评估诊断采用"线上全覆盖，线下典型跟踪"的服务模式，对1800多家企业的诊断进行了深入分析。分析结果显示，企业数字化转型主要面

临以下困难和问题。

1. 多数企业对数字化转型缺乏了解

在线上评估和线下调研中发现,尽管多数企业对于数字化转型持积极态度,但在方法、政策及应用案例方面普遍缺乏深入了解。企业在数字化转型过程中普遍存在"不想转、不敢转、不会转"的共性问题。具体而言,企业仍对数字化转型能解决哪些痛点、带来哪些效益提升、需要投入多少资金、如何开展、是否有成功案例以及服务商能提供哪些解决方案和服务等方面存在许多疑问。一方面,企业管理者对数字化转型的优先级和必要性认知直接影响转型工作的顺利推进。数字化转型的意愿、规划和实施过程通常需要企业高层的持续推动以及与转型现状相适配的管理机制。在诊断过程中,转型意愿较低的企业,其主要原因通常源于管理层在认知和管理体系上的不足。另一方面,企业普遍缺乏既懂业务又具备数字化素质的复合型人才。持续深入推进数字化转型,要求在充分理解业务的基础上,推动转型工具建设和数据应用,这对人才的要求既包括业务能力,也涉及数字化技术的掌握。

2. 传统行业开展生产环节数字化转型面临困难多

传统行业整体面临自动化程度低、数字化基础薄弱、工艺信息采集困难等一系列问题,因此亟须更大力度的转型投入和更坚定的转型决心。以机加工、注塑、劳动密集型生产方式(如连接线和光纤等)为代表的传统行业,生产环节的数字化转型既具有迫切性,又面临许多挑战。尽管如此,已有一些成功的探索案例。许多传统行业虽然仍然依赖劳动密集型生产方式,但通过局部自动化改造、生产环节的数据采集以及平台化集成应用,逐步实现了柔性化生产能力的提升,从而有效提高了生产效率。

3. 信息系统集成难度大、数据驱动能力难以形成

从样本分析中可以看出，处于第三阶段的业务集成、第四阶段的产业链协同创新以及第五阶段的生态引领的企业较为稀少，这反映出企业在业务集成和数据深度应用方面面临较大的挑战。在信息系统集成过程中，企业通常需要投入较大的资源，但要取得显著成效往往需要较长时间的磨合与调整。这一现象的主要原因之一是服务商提供的转型服务和产品矩阵尚不够丰富，市场上的解决方案难以满足细分领域或中小企业的特定需求。尤其是产品的适配性差且定价较高，导致中小企业在选择合适解决方案时面临较大困难。因此，在数字化转型过程中，企业迫切需要更多具有灵活性、可定制化的产品和服务，以便更好地应对数字化转型过程中遇到的复杂问题。

（二）精准施策，"一项目一档案"高效匹配解决方案

在先行先试政策的推动下，深圳（龙华）数字赋能公共服务平台积极引导工业企业在数字化转型的各个阶段进行备案，确保数字化转型项目实现"一项目一档案"的规范化管理。通过收集企业的基本信息、联系人信息、项目建设情况、项目投资额以及评估诊断结果等备案信息，备案平台能够有效整合区域内分布相对离散、功能相对单一的数字化转型基础设施、供需现代服务手段以及专业服务特长等资源，并进行优化配置。该平台通过在线推荐解决方案和典型案例，进一步整合并优化配置数字化转型服务资源，为企业提供精准的服务和支持。此外，平台还为后续的企业数字化转型评估和标杆企业的选择提供了明确的依据和参考，帮助政府部门通过

数据层面的强化，确保数字化转型工作的顺利推进，助力企业在转型过程中获得更多的支持和资源。

（三）全域覆盖，"价值共创"培育数字化服务商生态圈

截至 2024 年年底，深圳市龙华区通过培育和引进生态供给资源池企业和软件企业，推动样本企业的创新应用，汇集转型成效和产业高质量发展的示范案例，率先打造了企业数字化转型、工业互联网创新应用、企业上云上平台等标杆项目。深圳（龙华）数字赋能公共服务平台筛选区域本土服务商，配合开展线下数字化转型需求调研和诊断咨询，推动政策备案企业数字化改造的整体规划及实施方案，促进本土服务商的培育发展。

深圳（龙华）数字赋能公共服务平台面向全国备案生态服务商，针对研发设计、生产制造、经营管理、运营维护等各类典型场景导入数字化产品，有效丰富服务商资源池。依托数字化服务商生态圈，深圳市龙华区建设了促进企业数字化转型、服务创新发展，提升综合竞争能力的公共服务体系，整合政策、技术、人才、信息等数字化转型资源。此外，还建设了数字化转型产品和解决方案展示及沉浸式体验环境，孵化推广数字化转型产品和服务。深圳市龙华区积极引导企业进一步加大创新投入，实现从基础数字化应用逐步向生产制造等关键环节的延伸，不断促进试点企业实现全要素、全过程的资源整合与业务协同，通过全面优化企业生产方式、业务模式、管理水平，不断提升核心竞争力，逐步引导大中小企业走专精特新发展道路。

二、助企强链，打造特色供需对接图谱

（一）需求聚焦，分层聚类构建需求图谱

通过深圳（龙华）数字赋能公共服务平台汇集企业转型诉求，构建分行业、分场景、分成效、分模式的多层次需求图谱，形成企业数字化转型需求清单，将用户需求进行分模式产品化聚类，实现需求结构化呈现与精准匹配。

1. 数字化转型模式创新需求图谱（见图 7-1）

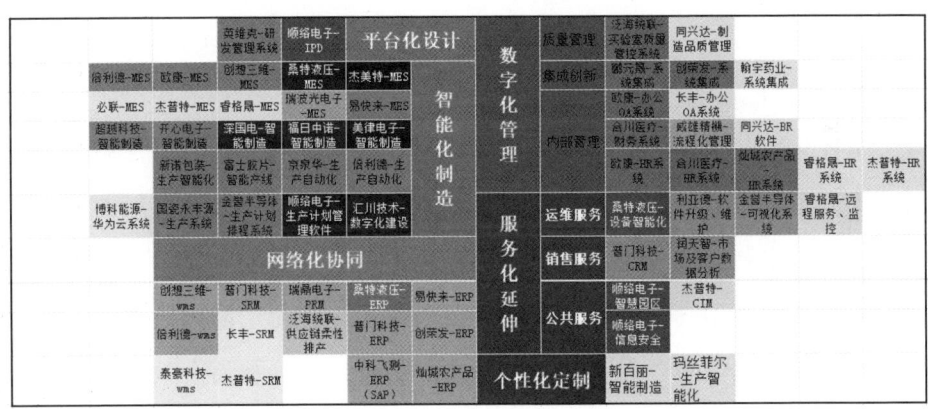

图 7-1　数字化转型模式创新需求图谱

1）数字化管理

数字化管理涉及企业在经营管理的关键环节通过互联网技术实现数字化，以此提高管理效率，更好地满足消费者需求，并创造更高的商业价值。这种管理的需求体现在信息技术与企业经营各个重点业务环节的全面融合

应用上。企业利用数字孪生、人工智能、边缘计算等创新技术，帮助企业构建管理驾驶舱，获取核心数据，构建动态数据模型，并结合行业数据高效运转，洞察经营短板，及时预警异常数据，降低企业发展风险，减少经营不确定性，帮助企业提高质量和效率，建立核心竞争力，夯实企业发展的根基。数字化管理在质量管理、内部管理、集成创新等方面存在较为集中的业务需求。

2）服务化延伸

服务化延伸推动制造业企业向价值链两端延伸，构建"产品 + 服务"的融合模式，提升产品附加值，是推动制造业迈向高端的重要途径。加快制造业企业从传统单一的制造环节向两端延伸、提高产品附加值，是我国新型工业化发展的关键所在。促进企业从生产型制造向服务型制造转变，从单纯提供产品向提供全价值链服务转变，是企业转型升级的重点方向。服务化延伸在运维服务、销售服务和公共服务等方面存在集中且明确的业务需求。

3）个性化定制

个性化定制以用户需求为出发点，通过客户参与设计与柔性制造，极大地提升了消费者的参与度和满意度，是制造业实现高质量发展的重要途径。个性化定制已成为企业转型升级和创新发展的重要方向。企业利用互联网采集并对接用户的个性化需求，开展基于个性化产品的研发、生产、服务及商业模式创新，促进供给与需求的精准匹配，从而有效解决制造业长期存在的库存积压和产能过剩问题，实现产销动态平衡。

4）网络化协同

网络化协同通过消除地域与行业边界，有效降低企业交互成本。其中，"去中介"和"去边界"模式能够精简产业链，提升经济运行效率。传统行业因分工细化，产业链逐渐延长，交易成本不断攀升，各环节效率差异显著。借助互联网的分布式协同环境支持，企业通过协同制造等方式重构产业链生态，将产业生态从环环相扣的链形结构转变为松耦合的网状结构，使产业链更加精简、灵活，并具备弹性服务的能力。

5）智能化制造

智能化制造要求企业拥有较高的装备数控化水平，并实现内部系统的集成。具体而言，企业需确保内部底层装备具备较高的数控化水平，并在管理信息化与底层自动化之间，以及内部供应链的采购、生产、销售、库存、财务等环节之间实现有效集成。在此基础上，企业应逐步向智能工厂和智慧企业转型。

6）平台化设计

研发设计软件的应用以及并行技术的采用，能够显著增强企业的自主研发能力，并推动企业综合能力与创新能力的提升。基于开放平台的协同创新是平台化设计的典型应用场景。企业依托互联网的分布式协同环境，开展平台化设计研发模式的创新，实现并行协同设计与制造产品。这一过程充分发挥了研发生产过程中资源优化配置的作用，驱动企业研发模式和生产方式的变革。

2. 数字化转型行业需求图谱（见图7-2）

1）集成电路

深圳市龙华区作为集成电路产品的消费、集散和设计中心，孕育出了具有特色且快速增长的集成电路产业，涵盖了设计、封装测试、相关设备和材料等多个领域。为推动集成电路设计、设备制造及通用器件的产品化，深圳市龙华区以"需求"驱动"供给"，形成了一个以市场为导向、以应用为牵引、以技术为支撑的产业发展模式。该模式强调专业化分工和细致的上下游产品配套，构建了完善的集成电路产业链结构。随着数字化生产的加速升级，新模式和新业态的发展空间广阔。

重点产业	高端化	智能化	高效性	社会压力	实时性
电子设备	必联 超越科技 京泉华 美律电子 沃特沃德	超越科技 创泰发 京泉华 鹏元晟 深国电 欣博跃 倍利得	超越科技 福日中诺 哈瓦国际 杰美特 京泉华 悦目 锐高照明	京泉华 鹏元晟	超越科技 飞宇光纤 沸石 开心电子 欧康 欣博跃 英维克 悦目 长丰
新型显示	隆利科技 中光电	利亚德 隆利科技 中光电	隆利科技 同兴达 中光电	隆利科技	隆利科技 明彩 易快来
集成电路		金誉半导体 中科飞测 瑞波光电子	瑞波光电子 中科飞测	瑞波光电子	瑞波光电子
智能装备		宝能 创想三维 泛海统联 富士胶片 桑特液压 泰豪科技 威雄精机	富士胶片 汇川技术 誉阳 睿格晟	乔合里科技 新诺包装	嘉贸气动 誉阳 润天智 天一智能
时尚创意	新百丽	华兴服装 玛丝菲尔 新百丽	华兴服装 联星服装 欧瑾亦	华兴服装 玛丝菲尔	华兴服装 联星服装 欧瑾亦
医药健康	立健药业	合川医疗 立健药业	翰宇药业 合川医疗 立健药业	翰宇药业 立健药业	合川医疗 立健药业 普门科技
材料		国瓷永丰源	国瓷永丰源	国瓷永丰源	国瓷永丰源
服务		龙昌盛	灿城农产品		小苹 兴和弘 亿通
电池				贵航电子	博科能源 格瑞普 瑞鼎电子 曙鹏科技

图 7-2　数字化转型行业需求图谱

2）智能装备

深圳市龙华区已形成以富士康龙华科技园为"一极"，鹭湖片区、九龙山智能科技城、观澜片区等区域为"一带"的智能制造装备产业集聚区。依托区内头部企业的快速崛起，龙华区的智能制造装备产业链在数字研发方面实力雄厚，工业软件的广泛应用已实现研发设计和生产制造的数字化管控，显著提升了管理效率和水平。这一转型推动了从"龙华制造"到"龙华智造"的飞跃。

3）新型显示

深圳市龙华区已形成新型显示特色产业集聚区，其产业链生态完整且稳定，涵盖上、中、下游各个环节。区内头部企业的集聚推动了综合应用示范区效应的初步显现，产业产值规模持续扩大，并不断向整条产业链拓展。新型显示产业链的数字化发展态势日益明朗，多个关键指标位居行业前列。区内企业不断突破关键技术研究，强化示范应用，为产业的持续加速发展提供了源源不断的动力，助力新型显示产业迈向更高水平。

4）医药健康

深圳市龙华区医药健康产业凭借优越的区位优势和完善的产业链条，被列为重点发展的四大支柱产业之一，致力于打造世界一流的医药健康产业集群。企业积极顺应数字化发展浪潮，将数字化管理工具与产业特性相结合，在经营管理上实现多点创新，并紧跟新一代信息技术的发展步伐。头部企业率先展开试点，逐步推动区域实现数字赋能。华润三九、国药致君、稳健医疗等一批头部企业引领着中小企业创新发展的生物医药产业链生态系统。同时，国家高性能医疗器械创新中心和广东省小分子新药创新中心两大重量级创新平台落户深圳，为产业发展提供了强有力的支撑。

（二）供给引导，多维刻画服务商能力

为推动产业健康有序发展，鉴于供给端服务商具有跨行业、跨专业、跨领域的特点，应立足行业需求，兼顾行业标准，进行统筹规划与宏观指导。在此基础上，针对供给端提供服务商画像服务，以提升供给端服务商的整体支撑作用，为产业发展提供保障。

基于国家标准《工业互联网平台 服务商评价方法》（GB/T 44405—2024），以企业经营能力、服务效能、生态构建等为评价维度（见图7-3），

设计"服务商能力画像评估问卷"。组织在数字化转型、工业互联网创新应用、企业上云上平台等方面表现突出的入选单位,开展在线问卷填报工作。构建包含 70 余项数据采集项的服务商评价指标体系,并为问卷填报主体提供画像结果的在线查阅及自主对标功能。最终,汇集形成按行业、场景、成效、模式分类的企业数字化转型服务清单与能力图谱。

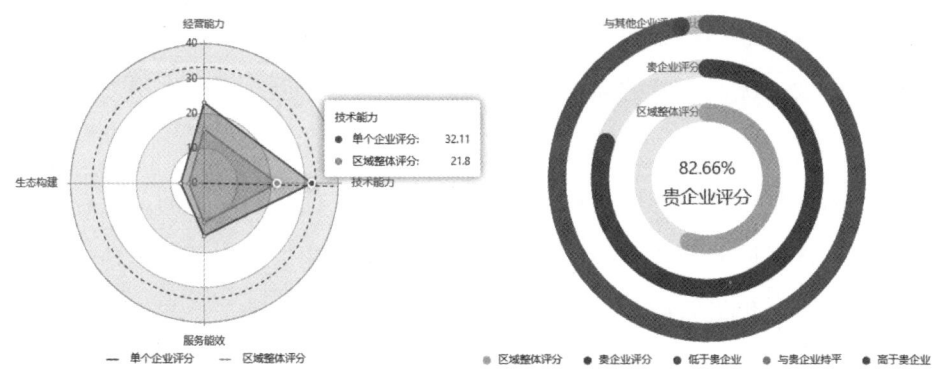

图 7-3　服务商评价维度

深圳(龙华)数字赋能公共服务平台通过抽取区域服务商的关键指标,绘制区域服务能力画像、数字化转型服务生态结构图、服务商客户覆盖行业范围图、典型服务商能力象限图、生态发展阶段图、服务场景分布图以及客户区域分布图等可视化图表。从区域产业发展、生态体系、供给能力、应用落地等维度,综合呈现区域服务商的数字画像,为供需精准对接提供数据支撑。

评估地方产业发展水平,已成为中央与地方协同合作的典型案例。针对广东省深圳市,开展服务商评价及"平台+园区"评价工作,为深圳(龙华)数字赋能公共服务平台的建设提供了有力支持。该平台已服务超过 400 家平台服务商,在推进产业摸底、促进技术创新、展示实践成果、探索发展模式等方面取得了显著进展,对深圳市加速构建工业互联网生态体系发挥了重要作用。

（三）平台赋能，双向匹配驱动生态协同

通过精准匹配转型需求与供给服务，构建了"需求—供给"双向映射图谱。在需求侧，从高端化、智能化、高效性、社会压力、实时性等维度，展示了行业当前重点诉求的集中情况，为供给方提供方向性指导，助力区域行业企业实现对标。在供给侧，从数字化管理、智能化制造、网络化协同、平台化设计、服务化延伸、个性化定制等维度，展示了当前行业在六大服务模式上的服务聚集情况，为需求方挑选服务商、获取典型案例参考提供信息支持，同时为服务商开发创新产品提供参考依据。

供需服务模块为制造业企业提供了转型需求的对接平台，为服务商提供了服务展示的机会，通过精准的供需匹配，促进了数字化转型过程中供需双方的双向促进。目前，该平台已连接400余家服务商，为3000余家制造业企业提供服务，并通过其智能匹配功能，有效促进了供需双方的双向赋能。

三、强化成效，多维推进数字化转型纵深发展

（一）全景量化：构建成效评估体系

通过建立数字化转型公共服务体系，实现了不同部门和领域的横向协同合作；利用特色化的供需对接图谱，实现了从顶层设计到具体实施的纵向贯通，进而绘制出区域数字赋能的全景图。这一举措有助于准确把握本

地区数字化发展的现状,强化关键识别薄弱环节,明确服务指导工作的重点,引导企业增加信息化投入,强化关键环节的应用,为全面推动数字化转型提供精确的路径和探索。

深圳(龙华)数字赋能公共服务平台积极发挥"行动派"的作用,促进创新资源向优质企业集中。坚持以企业为主体,以解决问题为导向,实现规模以上企业数字化转型诊断的全面覆盖。提高服务商的活跃度,确保赋能措施的落地效果显著,鼓励企业加大创新投入,支持头部企业在数字化转型中发挥引领作用。

企业数字化转型面临技术发展、竞争形势、政策环境等方面的不断变化,需要在更广泛的范围和更深层次推进企业数字化转型。结合新的技术发展趋势,将人工智能赋能、数据要素赋能等作为下一阶段推进企业数字化转型的重点方向。

(二)路径探索:分层施策助推转型

在深圳市龙华区,通过应用供需对接图谱,依据企业及行业的痛点,结合企业的发展阶段及其特征,采用因企制宜、循序渐进的方法推进企业数字化转型。

1. 激发转型初级阶段企业加速转型

处于转型初级阶段的企业通常处于数字化转型第一阶段或部分第二阶段。这些企业的主要特征是难以识别或仅能部分识别自身的转型需求,转型启动较为困难,但一旦启动,初期效果往往容易显现。因此,一方面需要帮助企业精准识别转型需求,并提供轻量化的解决方案。结合企业的行业属性和业务特点,以实现企业效益的快速提升作为推动数字化转型的出发点和关键着力点；另一方面，要帮助企业深入理解数字化转型的方法论及其重要意义，引导企业树立"一把手工程"的思维模式，清晰描绘新兴技术与实体经济融合发展的广阔前景。

2. 推动转型深水阶段企业持续深入

处于转型深水阶段的企业主要包括处于数字化转型第三阶段以及部分第二阶段的企业。这些企业的主要特征是数字化转型面临技术难度大、涉及范围广、投入成本高以及融合见效慢等问题。因此，首先需要加强数字化转型的顶层设计，紧密结合企业战略目标，综合考虑技术应用和项目的外部性，进行系统规划，避免在融合发展过程中陷入不必要的困境。其次，结合新兴技术持续引导企业挖掘自身需求，通过鼓励企业应用新兴技术手段解决行业痛点、推动设备上云以拓展新业务模式等方式，助力企业实现持续融合发展。最后，树立企业转型信心，帮助企业正确认识转型过程，理解转型深水区见效较慢的特点，从而坚定转型的决心和信心。

3. 鼓励转型头部企业赋能和深化

处于转型头部阶段的企业主要包括处于数字化转型第四阶段和第五阶段的企业。这些企业的主要特征是数字化转型已初见成效，具备行业领先性和较强的垂直赋能能力，但数据驱动能力仍有待进一步优化。因此，一方面应鼓励企业赋能，通过打造标杆、建立平台、对接服务等方式，输出转型先进经验，为行业内其他企业提供示范和借鉴；另一方面，推动企业深化转型，深入探索新兴技术在工业领域的应用，进一步锤炼数据驱动能力，提升企业数字化转型的整体效能。

应用篇——行业

第八章
材料行业：加快转"智"向"绿"步伐

一、由大向强，面向中高端打造国际影响力

材料工业作为国民经济的重要支柱产业，不仅是推动其他领域发展的基础，更是国家经济的命脉。材料工业涵盖了钢铁、有色金属、石油化工、化学工业、建材等多个领域，其主要特点包括设备种类繁多、生产工艺复杂、生产流程长以及供应链冗长。

（一）产业规模优势不断提升

长期以来，我国凭借政策支持、资源优势以及劳动力成本较低等多方面因素，加之广阔的本地市场需求，推动了材料工业的快速成长，并建立了完善的行业体系。

经济规模持续扩大。 我国已建立起全球门类最为齐全、规模位居世界

第一的原材料产业体系，成为世界第一大化学品生产国和第二大石化产品生产国，粗钢产量突破 10 亿吨大关。钢、铜、铝、甲醇、尿素、水泥、平板玻璃等主要产品的产量连续多年位居世界第一。产业体系的完整性与优势持续巩固，覆盖 10 个大类、34 个中类、118 个小类，产品种类多达 15 万余种，基本满足了国计民生以及国防建设的需求。

行业增速稳中加快。原材料制造业对工业利润增长的拉动作用显著。2024 年一季度数据显示，材料制造业利润同比增长 4.34 倍，较规模以上工业高出 18.1%。在大宗商品价格上涨以及需求持续回暖等因素的带动下，原材料行业的利润增速较 1—2 月份提高了 88.4%，推动了一季度规模以上工业利润增长 51.5%，成为拉动作用最强的行业板块。

（二）高质量发展成效显著

随着国家对高污染、高耗能、资源性产品治理以及供给侧结构性改革政策的持续推进，以及市场需求对材料产品品质和种类的不断变化，原材料工业向高质量发展已成为行业共识。

关键技术与材料不断突破。我国在超导材料领域已具备全球唯一的全流程生产能力，有序介孔高分子和碳材料研究达到国际领先水平。C919 大飞机用铝合金厚板、特种工程塑料、电子化学品等一批关键新材料实现突破，重大装备、重大工程的材料保障水平大幅提升。以水泥、玻璃行业为例，作为前期政策引导的重点领域，部分技术领域已实现创新发展。第二代新型干法水泥和第二代中国浮法玻璃的"两个二代"创新研发成果，在河南孟电、建德南方等多个标杆项目中落地应用，有效减少了二噁英等二次污染物的产生。玻璃行业的主流产品已突破国外技术封锁，超厚、超薄、TCO 镀膜玻璃、高硼硅防火玻璃等新产品逐步实现产业化。

企业国际竞争力不断提升。近年来，我国原材料工业企业紧跟全球经济一体化的发展趋势，持续深化改革开放，加强科技创新，提升产品质量，并积极拓展国际市场。在此过程中，我国材料工业企业的国际竞争力得到了显著提升，并获得了广泛认可。其中，中国建材股份有限公司在最新发布的《财富》500强企业榜单中，稳居全球建材行业榜首位置，充分彰显了我国材料工业的发展实力。中国巨石作为全球玻纤行业的龙头企业，其产能占全球比重超过20%，成本控制能力处于全球领先水平。与泰山玻纤、重庆国际等企业共同占据国内约70%、全球约40%的产能。在产量持续提升的同时，我国玻纤行业在高端产品研发方面也不断取得突破。7微米、5微米等玻璃纤维细纱已陆续实现大批量池窑化生产，高强度、低介电等高性能玻璃纤维的研发与应用也实现了快速发展。

产业集约集聚发展加快。一方面，行业集中度不断提升。钢铁行业的兼并重组稳步推进，取得了显著成效。例如，宝武钢铁集团重组山东钢铁集团、中信泰富特钢集团重组南钢集团、鞍钢集团重组凌源钢铁，以及北京建龙重工重组西宁特钢等重大兼并重组项目。这些举措推动钢铁行业集中度（CR10）提升至43.2%。另一方面，行业集群化分布日益明显。在石化领域，浙江宁波等地的炼化一体化绿色石化基地建设取得了显著成效。环渤海、长三角、珠三角三大炼化产业集群的产能已占全国总量的70%。建材行业也呈现出明显的区域集聚发展特征。水泥熟料产线主要集中在华东、西南、华中、华南等地区；平板玻璃生产基地主要分布在河北、山东、江苏、广东等地；玻纤行业则主要集中在浙江、山东、四川、重庆等地；瓷砖行业产业集群以湖南醴陵、广东潮州、广西北流、河北唐山和福建德化等地为代表。

（三）数字化、绿色化转型加速

经过几十年的信息化建设实践，原材料工业的信息化、数字化、绿色化水平显著提升。目前，关键工序数控化率已达到 74.4%，较去年年底提高了 2.1 个百分点。其中，石化化工行业的关键工序数控化率达到了 80.4%，高于工业平均水平 19.5 个百分点。

政策持续加码，推动原材料工业转"智"向"绿"。2024 年，工业和信息化部联合多部门印发《原材料工业数字化转型工作方案（2024—2026 年）》，明确到 2026 年，原材料工业数字化转型将取得重要进展。重点企业将完成数字化转型诊断评估，生产要素实现泛在感知，制造过程实现自主调控，运营管理决策水平大幅提高。2022 年，工业和信息化部联合国家发展改革委等部门印发《工业废水循环利用实施方案》，对钢铁行业的废水循环利用率提出了明确要求。此外，中国石油和化学工业联合会依据《石油和化工行业绿色制造体系认定管理办法（2022 年版）》，积极引导石油化工企业实现绿色发展。

地方积极推进，培育区域行业特色平台与园区。各级政府积极推进服务商在重点产业集聚区和工业园区落地，培育形成了一批支撑地方产业转型创新的特定区域平台，有效地整合区域优势资源形成规模效益。通过龙头企业与示范区进行"由点到面"的复制，带动区域产业整体数字化发展，同时提高了政府部门的监管水平。例如，淄川区政府与海尔集团签署战略合作协议，建立日日顺建陶产业园区。利用海尔 COSMOPlat 工业互联网平台，打造建陶行业的全产业链生态圈。通过汇集产业链上下游资源，为入园企业提供一体化服务，并将客户和店主引入社群交互平台，实现零距离交流，以需求带动研发与生产。深圳市宝安区作为混凝土供应大区，积极推进建材行业与工业互联网深度融合,不断夯实数字化发展基础设施,增强智能制造创新能力,并与腾讯合作率先开发出混凝土质量区块链平台。通过设备上云、优化生产管理流程等措施,实现混凝土全生命周期的监管与溯源,提升区内混凝土生产和运输效率。

二、重重挑战,新形势下转型升级迫在眉睫

当前,我国材料工业已成功解决了"有没有"和"够不够"的数量型问题,但在供大于求、环境负荷、成本压力、能源消耗、安全生产等行业现状和痛点问题面前,亟须聚焦解决"好不好"和"强不强"的发展质量问题。

(一)生产运营成本高,亟须提升智能化水平

在材料企业的生产工艺、设备维护、经营管理等关键环节的正常运转中,过去高度依赖隐性程度较高的人工经验。这种依赖方式容易因工人技术水平的参差不齐,导致产品质量出现波动。同时,企业普遍面临着设备维护成本高、工业知识隐性化程度高、设备停机损失大以及排产难度大等诸多痛点问题。随着新一代信息技术与材料科学的深度交叉融合,数字矿山、智能园区、智能物流等领域的加速建设,将有力推动原材料工业智能化水平的不断提升,为解决上述痛点问题提供了新的思路和方法。

（二）节能环保压力大，亟须发展绿色化制造

一方面，材料工业是我国碳排放的重点领域。在全国约 110 亿吨二氧化碳排放总量中，仅钢铁行业就占到了 18%。随着"3060"双碳目标的推进，绿色转型加速成为必然趋势。作为碳排放的重点行业，材料工业的绿色化转型是我国实现碳达峰碳中和目标的关键环节。另一方面，石油化工等行业面临高温、高压、易燃易爆、易腐蚀等安全风险，容易引发安全事故。新一代信息技术通过对生产各环节的实时监测和预警，有效提升了企业的安全生产能力，同时实现了生产过程中的节能、减排和脱碳，推动了行业的可持续发展。

（三）价格波动影响大，亟须推动协同化发展

行业和企业面临着市场变化迅速、物料成本上升等外部挑战。作为制造业产业链的上游行业，材料工业的价格波动会对处于产业链中下游、成本压力传导消化能力较弱、议价能力较低的中小企业造成较大影响。新一代信息技术的发展能够打通供应商、研发企业、制造企业与客户之间的信息壁垒，促进生产要素的泛在链接，加强企业之间的协同能力，使上下游企业能够建立更加长期稳定的合作关系，协同应对市场价格波动风险。

三、数字筑基，工业互联网赋能行业发展

原材料工业作为国民经济的重要基础产业，其数字化转型对于推动产

业基础高级化和产业链现代化建设具有重大意义。《原材料工业数字化转型工作方案（2024—2026 年）》明确了转型的方向和范围，强调利用人工智能、5G、工业互联网等数字技术，在材料研发设计、生产制造、企业经营管理、物流仓储、行业运行调控、耦合协调以及上下游协同等各环节进行融合创新和改造提升。通过实现生产要素的泛在感知、制造过程的数字孪生以及运营管理的最优决策，以产业数字化驱动全产业链业务变革，加快推动行业提质升级、降本增效和绿色安全发展。

近年来，随着国家一系列推动工业互联网发展、鼓励制造业企业数字化转型升级政策的出台，工业互联网已成为原材料工业进行数字化转型的重要路径。

（一）优化制造方式，实现数据驱动智能生产

在生产制造环节，工艺优化、质量检测、供应链管理是工业互联网解决方案在原材料工业落地应用的重点场景，相关数据的开发利用已取得良好成效。

首先，平台集成大数据、人工智能、5G、AR/VR、边缘计算等技术，显著提升了生产的自动化与数字化水平。例如，在生产流水线上部署工业机器人，利用无人机进行厂区巡检并开展智能分析。其次，通过对整个生产系统的数学建模，平台可根据需求计算出更优的排期方案与工艺参数，赋能企业实现智能排产和优化生产工艺，最终提升生产效率。最后，通过对影响产品质量和生产效率的关键因素进行关联分析，提前发现潜在质量问题，并及时、准确地进行调整，以确保产品质量的稳定性。

具体案例见表 8-1～表 8-3。

表 8-1 砼智造工业互联网平台案例

服务商	应用企业
贵州兴达兴建材股份有限公司	贵州兴达兴建材股份有限公司
解决方案做法	**存在的问题**
1）线上定制与服务。企业与客户通过线上平台对接，明确订单信息。客户可使用手机 App 提交订单，并实时掌握订单的生产情况及物流进度。此外，客户还可通过手机 App 上传混凝土卸料、入泵、振捣、养护等施工现场的视频或图片。 2）生产智能化。以制造执行系统（MES）为核心，以订单为触发机制，平台向指定生产线下达包含配合比、工作性能要求的生产数据包，辅助完成原材料称量、生产拌和、产品装车等生产过程，减少人工干预，提高控制精度。 3）产品质量管理。平台通过高性能混凝土（HPC）智能配比模型，对每个订单的原材料参数、使用量和配比数据进行记录，数据实时上传且不可更改。通过二维码扫描，可查看产品配比数据和合格证书，确保产品质量可评价、可追溯，以过程数据保障产品质量	1）在客户服务环节，企业与客户线下沟通时，常因订单信息不明确或对客户需求理解错误，导致纷争与损失。 2）在生产环节，传统的手工调度模式存在排产不准确的问题，生产过程中人工干预较多且控制精度不高，产品质量难以追溯和优化
	应用成效
	1）减少生产人力成本 60% 以上，节约支出 200 万元/年。 2）降低综合制造成本 5%。 3）减少企业研发成本 30%

表 8-2 基于"蜂巢"私有云平台的"伽利略 IAP"增产系统案例

服务商	应用企业
成都思为交互科技有限公司	西藏高争建材股份有限公司
解决方案做法	**存在的问题**
1）对全产线设备进行监测，运用独有的自由向量技术，将产线的全部数据视为多层架构的同一整体。在此基础上，系统能够准确预测设备状态，并智能给出备品备件的建议。与仓库管理系统衔接后，可有效释放备品备件的资金占用率。 2）"蜂巢"私有云平台部署于工厂内网，将全厂的应用集中于同一个 App 和后台中。高争股份的"慧"销售智能销售系统、产区智慧物流系统、"慧办公"工作协同平台、"伽利略 IAP"等	1）产线遭遇"高原病"，导致关键设备的部分部件出现急剧磨损（或非磨损的机械损伤），而其他结构部件仍处于全新状态。这种状况使基于设备结构知识进行状态监测和推断的准确率大幅降低。 2）企业内部形成"数据孤岛"，系统繁多且凌乱，数据之间无法互通。这导致查询报表和决策的效率低下，难以实现高效的数据管理和决策支持

续表

	应用成效
主要系统均运行在"蜂巢"私有云平台中，实现了"内网+外网"的双层架构。这不仅保障了数据安全，还赋予管理人员在任何地方都能触达产线末梢电机的能力	1）高原老化生产线、高原产线设备损耗预测的准确率从不足30%提升到99%。 2）对比上年同期减少停产、减产15次，减少停产、减产损失近1400万元，年化减少停减产损失2700余万元；各工艺段的核心设备故障率相比上年同期减少40%以上；减少工艺段的回炉损失约1700万元，年化3400万元

表8-3 铸造行业数字化工厂案例

服务商	应用企业
共享智能铸造产业创新中心有限公司	共享装备股份有限公司
解决方案做法	存在的问题
构建了"云+网+厂"架构的新一代铸造智能工厂，重点聚焦线下"端"与线上"云"两部分功能。其中，线下"端"主要负责数据采集、数据交换、数据调度以及单元级的控制与管理；线上"云"则主要承担大数据的清洗、存储、统计分析、挖掘与创新应用等任务。线上云平台采用"公有云 + 专属云"的混合云架构，既保证了应用的便利性，又兼顾了数据的安全性	1）生产经营成本快速攀升； 2）产业升级大环境倒逼企业创新发展； 3）企业对高技能人才需求迫切，而传统的企业内训组织形式落后且资源有限，供需矛盾冲突，知识迭代缓慢
	应用成效
	铸件生产周期可缩短50%，铸造生产实现"零排放"等。误差也从原来的1毫米降到了0.3毫米。生产效率提高3～5倍，成品率提高20%～30%

（二）优化运营模式，保障生产安全高效运行

原材料工业设备复杂多样，以往的维护方式多为事后维修或基于主观经验判断及固定失效周期的定期维护，难以精准识别设备故障并及时维修，容易导致产线停滞以及生产安全等重大问题。同时，原材料工业企业作为能耗大户，也是碳排放和污水排放的重点管控对象。因此，提升生产保障能力成为钢铁企业最为迫切的需求，也是目前较为成熟且可复制推广的解

决方案。具体而言,解决方案包括以下三个方面:

一是工业互联网赋能企业加速安全生产从静态分析向动态感知、事后应急向事前预防、单点防控向全局联防的转变,最终实现自动化减人、信息化助人,提升本质安全水平和安全监管效率。二是企业可通过部署物联网、传感器、边缘计算等方式,推动设备管理与远程运维,实现设备全生命周期管控与智能决策。改变以往仅依赖事后维修或基于主观经验判断及固定失效周期的定期维护模式,准确识别设备故障并及时维修。三是工业互联网平台集成大数据、数字孪生等技术,对原材料生产各关键环节能耗进行实时监测、分析、预警,并通过绿色工厂、智慧矿山等建设,实现生产洁净化、废物资源化、能源低碳化。

具体案例见表8-4～表8-6。

表8-4 基于大数据的生产设备智能运维案例

服务商	应用企业
沈阳科网通信息技术有限公司	鞍钢集团自动化公司
解决方案做法	存在的问题
1)通过采集或读取电机的振动、温度、电流、电压、转速等数据,对潜在的机械和电气故障进行预测,全面掌握电机的运行状态。 2)规范电机管理的基础数据档案,形成动态连续的数据趋势链条,实现数据记录标准的统一化。 3)提前规划电机的运维检修工作,一键建立检修工单,并可追踪检修工作的执行情况。 4)对电机设备状态跟踪及故障预测数据进行统一存储和管理,为后续的备件管理、智能排产、产品质量预报和耗能管理提供直接的数据支撑和决策辅助	我国钢铁企业的设备管理模式仍停留在点检定修与事后抢修相结合的阶段,设备台账多依赖手工记录,整体设备管理效率较低,与智慧工厂智能运营体系的要求存在较大差距
	应用成效
	1)避免意外停机,有效提高设备保障率至85%以上,同比计算提高产值超1亿元; 2)降低关键机组设备的备品备件库存达60%以上,减少库存额度3000万元以上; 3)在设备运行环境恶劣的部分场景下实现无人值守; 4)同比降低维修成本约15%

表 8-5 基于工业互联网平台的水泥行业节能降碳应用案例

服务商	应用企业
南京擎天科技有限公司	江苏鹤林水泥有限公司
解决方案做法	存在的问题
1）设备勘察安装。应用基础设施的建设首先由信息部门和设备部门共同牵头，分别负责信息化底层的按机构部署以及物联网设施设备的勘察和安装工作。 2）能耗分析。能源部门和信息部门联合开展数据分析工作，涵盖单位产品能耗、各工艺段单位产品能耗、单位设备产出能耗等各类能耗指标。按照时间段对相关能耗指标进行对比和排名，并为各项能耗指标设定阈值。一旦指标超出设定阈值，系统将及时发出告警，并将相关信息推送给相关责任人，督促其及时解决问题。同时，定期对能耗数据进行汇总分析，并对相关责任人进行绩效评价。	1）进入行业调整期。水泥行业在投资驱动下，已进入量的顶峰期及峰值后的调整期，面临市场需求萎缩的压力。 2）环保压力。在国家大气污染治理的总体部署下，水泥行业面临的环保、资源、能耗等约束不断趋紧，环保监管压力显著增大
	应用成效
	1）节能管理效率提升约 40%，直接或间接实现年节约耗电 1100 万千瓦时，吨熟料电耗降低 11 千瓦时以上，能源开支节约近 15%。 2）二氧化碳排放量减少约 6711 吨，相当于减少约 1351 吨标准煤的碳排放量

表 8-6 水泥工业互联网平台案例

服务商	应用企业
河南志信科技有限公司	古浪祁连山水泥有限公司
解决方案做法	存在的问题
1）通过对大量历史数据的梳理和分析，将故障发生前一段时间内的所有相关影响参数进行趋势量化处理，并打标签形成具有本地特色的故障模型。在工业领域的日常生产活动中，实时监测的参数与本地化故障模型进行对比，一旦达到触发条件，系统将发出预警。 2）增加 DNS 实时数据查询功能，用户可在移动端随时随地查看 DNS 数据情况，实时掌握台时产量。同时，新增安全隐患实时随手拍功能，方便工厂企业第一时间了解安全隐患状态，便捷工厂企业的隐患排查操作。此外，危险作业审批工作也纳入线上平台，实现线上审批，简化操作流程，减少处理时间。	1）系统连接不紧密。计划层与控制层之间相互分离，极大地制约了水泥企业生产管理水平的提升。 2）传统预警方式存在漏洞。基于专家经验的预警模型、基于智能硬件分析的故障预警模型以及基于报警跳闸限值的故障预警模型，均存在主观性较强、成本较高、预警时间不及时等问题
	应用成效
	1）DNS 实时数据查询和台时产量查看。 2）在线安全隐患处理，危险作业审批。 3）线上检修，线上管理设备档案与配件库存等

第八章　材料行业：加快转"智"向"绿"步伐

（三）优化资源配置，提升社会资源协作水平

协同制造、个性化定制、产融合作是当前原材料工业基于工业互联网平台的主要创新应用模式。在竞争激烈的市场环境中，上下游企业、产业集聚区以及跨行业企业通过工业互联网平台开展合作与模式创新，能够有效发现产业链中的风险与短板，保障产业链的安全稳定运行。

一方面，上下游企业、产业集聚区和跨行业企业基于工业互联网平台开展合作与模式创新，能够精准识别产业链中的风险与短板，实现上下游的链状优化，从而保障产业链的安全稳定运行。另一方面，企业通过平台实现产品全生命周期数据的贯通，准确获取客户的个性化需求，及时响应需求变化，加速企业价值链从以产品为中心向以客户为中心的转变。此外，平台还可有效提升企业的协同设计与柔性生产能力。未来，以龙头企业和核心企业为主体的产业链级工业互联网平台将加速整合上下游资源，形成紧密耦合关系，推动延链、强链、补链。而以工业园区为载体的工业互联网平台，将进一步强化蜂窝状产业集群的紧密性，在效率和效益上实现更大的提升。

具体案例见表 8-7～表 8-9。

表 8-7　基于"公鱼互联"云平台的混凝土全产业链资源协同案例

服务商	应用企业
重庆建工建材物流有限公司	重庆建工建材物流有限公司
解决方案做法	存在的问题
1）借助物联网、大数据、智能化和区块链技术，以集成创新为主要模式，打造了一个面向混凝土行业的工业互联网云平台。该平台连接了混凝土生产企业、原材料供应商、物流服务企业、	1）产业链供需矛盾突出，全行业产能利用率不足 30%。 2）产业链协同性差，中小企业占比较大，整体信息化水平较低，资源优化配置效率低下。

续表

	3）生产制造过程和质量控制高度依赖人工，导致质量和服务问题频发。 4）物流信息不对称，车辆闲置率和空载率过高，安全隐患频繁发生，运输效率低下。 5）企业面临资金回收困难，金融支持力度不足
政府主管部门以及金融机构，旨在推动行业数字化转型和提升整体运营效率。 2）平台由多个子系统组成，包括采销电子商务服务系统（公鱼商城、公鱼集采）、智慧物流服务系统（公鱼物流）、智能制造服务系统（云智造）、智慧管理系统（综合信息平台）以及供应链金融服务系统（公鱼电子交易）等。通过打通上下游供应链企业，整合和优化全产业链的优势资源，平台实现了线上线下闭环运营的新模式	应用成效
	1）混凝土运输泵送效率提升18%，车辆空载率降低10%，运输泵送成本减少28%。 2）订单处理效率提升超过40%，人力成本节约超过30%。 3）帮助企业降低生产管理成本超过10%，生产效率提高30%以上。 4）企业年生产成本降低超过2000万元，人力成本减少60%以上

表8-8 基于大易工业互联网平台物流行业应用案例

服务商	应用企业
天瑞集团信息科技有限公司	中原大易科技有限公司
解决方案做法	存在的问题
1）通过采用云计算、大数据、移动互联网等先进信息技术，构建了一个涵盖生产数据采集、供应链协同服务、物流业务和大数据分析等功能的工业互联网平台。该平台为企业提供开放式共享服务，打通了企业内部的数据流、业务流和资金流。 2）企业可以基于平台开展信息交互，实现跨企业、跨区域的资源整合与能力共享，构建更高效的协同设计、协同制造和协同服务体系	1）物流信息中间环节过多，导致企业运输成本居高不下。 2）区域间存在窜货现象，运输诚信问题较为突出。 3）车货匹配难以及时有效完成，影响运输效率。 4）运输车辆监管难度大，难以有效把控风险
	应用成效
	1）熟料标准煤耗可减少1千克/吨，电耗降低0.5千瓦时/吨，熟料制造成本降低1.2元/吨。 2）以目前熟料价格300元/吨计算，水泥生产成本可降低1.5元/吨，年节省费用可达405万元

表 8-9 钢铁产能预售供应链协同案例

服务商	应用企业
欧冶云商股份有限公司	钢铁供应链上游厂商及下游中小企业
解决方案做法	**存在的问题**
1）通过钢厂同质化产能的在线预售，实现未来产能供给与中小用户需求的精准对接，帮助钢厂高效触达中小用户群体。 2）基于平台真实交易数据，推进产能预售价格指数的编制和应用，真实反映市场成交价格，指导钢厂合理定价，帮助中小企业规避市场波动风险。 3）整合产业链各方服务资源，提供仓储、运输、加工、钢材技术服务等全流程交付服务，为用户提供综合解决方案，有效提升用户体验	中小企业在市场波动面前较为脆弱，采购与销售难以开展面对面交易，物流服务时常受阻，钢材交付难以按时完成，且钢材市场不确定性较大。因此，需要通过全流程在线交易和免接触方式，对物流资源进行高效配置，并优化钢材定价模式等措施，助力中小企业复工复产，提升其抗风险能力
	应用成效
	可以为中小企业提供交易、物流、信息化工具等服务，帮助中小企业提升经营能力，为其复工复产营造良好的环境。同时，促进钢铁行业按需制造，化解过剩和无效产能，助力钢铁行业的转型升级。此外，也为整个钢铁产业链的效率提升和成本降低，以及生态圈的高质量发展创造价值

原材料工业企业解决方案服务商能力图谱如图 8-1 所示。

应用场景 行业领域	核心业务优化					生产保障能力提升			社会化资源协作
	研发设计优化	生产过程优化	工艺优化	质量优化	供应链管理	管理决策优化	设备资产管理	安全生产	节能减排	产业协同
钢铁工业	宝信软件 山东征途信息	东方国信 宝信软件 南钢集团 冶金规划院 鞍钢自动化	华为 阿里云 东方国信 山东有人物联网	宝信软件 鞍钢自动化 用友	宝信软件 鞍钢自动化 共享智能铸造 欧冶云商	宝信软件 鞍钢自动化 用友	腾讯 阿里云 东方国信 宝信软件 用友	腾讯 宝信软件	南钢集团 宝信软件 东方国信 河钢数字信达	南钢集团 宝信软件 用友 欧冶云商
有色金属工业	华为 中国有研 矿冶集团 中国五矿 中色科技	徐工信息 金星机电科技 树根互联 广西南南铝 中国有研	宝信软件 中国恩菲 中铝集团 江铜集团 紫金矿业	中铝集团 江铜集团 紫金矿业	五矿物流 中色科技 厦门信达 ABB（中国）	华为 施耐德电气		腾讯 浪潮集团 中色科技 中国恩菲	中色科技 中色股份 云内物联	江西保太能 浙江天能循环	安泰科信息股份 宝信软件
石化化工	华为 石化盈科 石科院 万华化学 中科铺龙智能	阿里云 石化盈科 中控技术 中国石油 中安惟新	华为 石化盈科 中国石化 东方炼化 国双科技 中科铺龙智能	阿里 百度网讯 成达公司 中国石化	石化盈科 中电金信软件 方正国际软件	沈阳安新自动化 石化盈科 山东胜软 江西电信信息	蓝卓 北京国双科技 中船重工	蓝卓 浦云智通 航天保长大道 中化信息技术 海淘天智联	中智软创 海浦智云	山东海科 上海华谊信孚 昆仑数智
建材工业	中国五环 中建西北院 北新建材 高山铝业 橙色云 成都更为交互	浪潮集团 博朕特智能 万华化学集团 中国建材集团 重庆华广物流 成都更为交互	中国巨石 海螺水泥 中材国际 金隅集团 华润建材科技	三一集团 北新建材 海螺水泥 科研所 博朕特智能	中材国际 宁夏建材集团 天瑞信息科技 天津水泥工业设计研究院 赛马科技	志信科技 远大住工 成都更为交互	志信科技 南京繁天 成都更为交互	志信科技		浪潮集团 博朕特智能 宁夏建工 南京繁天 中誉鼎力	天瑞信息科技 重庆建工建材物流 新能金来数字传媒
新材料	橙色云 蓝思科技 回天科技 瀚云科技	动脉智能科技 格创东智 金发科技 国安盟固利新材料 协鑫科技	氟基新材料 中国恩菲 蓝思泰治科技	新力科技 泰和新材 会通新材料 蓝思科技	华峰智链 中国恩菲 中国巨石 偶塑科技	中国恩菲 富恒新材料 国科新材料 广州聚合新材料	南京敬谱数据	中国建材集团	中钢天源 海尔数字科技	华峰智链

图 8-1 原材料工业企业解决方案服务商能力图谱

第九章
装备制造业：把握数字化机遇加速向高端攀升

中国装备制造业正处于从传统制造向"数字智造"转型升级的关键阶段，数字化转型已成为装备制造业企业面临的重要课题。装备制造企业的数字化转型不仅能重塑企业边界和竞争格局，还能赋予企业适应多变环境和不确定性的动态能力。越来越多的传统装备制造企业通过应用数字技术进行转型，推动5G、大数据、人工智能等新一代信息技术与传统装备制造业的深度融合，助力企业实现高质量发展。近年来，领先的装备制造企业和数字化服务商积极抓住数字化发展机遇，在技术融合创新、解决方案推广应用等方面进行了有益探索，并取得了显著成效。

一、装备制造业发挥排头兵作用，引领数字化转型浪潮

装备制造业作为国民经济的支柱产业，具备丰富的数字技术应用场景

和迫切的转型需求，是数字化转型的重要领域。在实现数字技术与实体经济深度融合方面，装备制造业将迎来新的发展机遇。

（一）装备制造业是国民经济的支柱产业

装备制造业是为满足国民经济各部门发展和国家安全需要而制造各种技术装备的产业总称，是工业的核心部分，肩负着为国民经济各部门提供工作母机、带动相关产业发展的重任。作为工业的"心脏"和国民经济的"生命线"，装备制造业是支撑国家综合国力的重要基石，其发展水平是衡量一个国家综合国力的重要标志，重大装备制造更是关乎国家经济安全和国防安全的战略性产业。

装备制造业是典型的离散型制造业，涵盖机械（通用装备、专用装备、仪器仪表、电气机械及器材等）、汽车、轨道交通、航空航天、船舶等细分领域，具有产品价值高、资本密集、技术密集、劳动密集、产业关联度强等特点。因此，装备制造业对投资、技术进步和就业的拉动效果显著，是国民经济的支柱性产业。经过多年发展，我国装备制造业已形成门类齐全、规模较大、水平较高的产业体系。装备制造业在国民经济中的重要性不断凸显，其占规模以上工业增加值的比重从2012年的28.0%提升至2023年的33.6%。2024年前5个月，全国规模以上工业增加值同比增长6.2%，其中制造业增长6.7%，装备制造业增加值在5月份同比增长7.5%，成为拉动工业增长的重要力量。具体来看，计算机通信和其他电子设备制造业增长14.5%，铁路、船舶、航空航天和其他运输设备制造业增长11.8%，均保持两位数增长。电子、汽车行业对装备制造业的支撑作用明显，其"压舱石"的作用进一步凸显。

高端装备制造业是现代产业体系的脊梁，集中体现了一个国家的制造水平。近年来，我国装备制造业取得了多项世界级科技突破，一批大国重器相继亮相，彰显了我国在高端装备制造领域的强大实力。**"飞天探海"向世界展示"中国硬科技"**，如"天问一号"探秘火星，神舟飞船遨游太空；"奋斗者"号逐梦深海，深地钻探开启"万米时代"。**"互联互通"向世界展示"中国新速度"**，如从 2008 年第一条高铁开通运营，到智能型动车组在世界上首次实现时速 350 公里自动驾驶，再到时速 600 公里高速磁浮试验样车下线，中国高铁的发展速度令人惊叹。同时，C919、ARJ21 等一批民用航空装备研发实现突破，多型号机型逐步进入国际国内民用航空市场，标志着我国在轨道交通和民用航空领域的技术进步。**"高效清洁"向世界展示"中国双碳决心"**，如新能源汽车市场销量从 2012 年的不足 2 万辆，攀升至 2023 年的 949.5 万辆，我国新能源汽车产销量占全球比重超过 60%，连续 9 年位居世界第一。在能源装备方面，2023 年，我国风电机组等关键零部件产量占全球比重超 70%，光伏多晶硅、硅片、电池片和组件产量占全球比重均超 80%。

（二）装备制造业是数字化转型重要战场

为应对严峻复杂的内外部环境，装备企业积极探寻新技术、新模式，着力解决发展过程中所面临的痛点问题，全力向产业链和价值链的高端迈进。

数字化转型是装备企业应对痛点问题、打造竞争优势的重要方式。装备制造业业务复杂，对定制化和柔性化生产能力要求较高。5G、工业互联网、大数据、人工智能等数字技术可以有效帮助装备企业提升质量、降低成本、增加效率，解决发展瓶颈。例如，风电机组的每个订单都需根据客户需求进行个性化生产，一条生产线需要兼容不同规格的风电机组产品，如 3 兆瓦到 15 兆瓦等。通过建设柔性智能制造工厂，可以实现每 2 小时下线 1 台风机,且在 10 秒内完成换型转换的工作效率,从而有效达到降本增效和精益管理的目标。

数字化转型是装备制造业高端化、智能化、绿色化发展的内在需要。在高端化方面,我国已建设增材制造、机器人、先进轨道交通装备、农机装备、智能网联汽车等国家级制造业创新中心,通过借助数字技术不断提升基础研究、成果转化和工程应用能力。**在智能化方面**,中国已拥有 62 座"灯塔工厂",数量居全球第一。根据工业和信息化部数据显示,我国智能制造装备产业规模超过 3.2 万亿元。通过改造提升一批存量装备、升级换代一批新型装备,以及原创发展一批前沿装备,智能装备的工程化和产业化进程得以进一步加快。**在绿色化方面**,大量传统装备制造业通过数字技术实现绿色升级改造,其中电力行业的绿色转型尤为突出。绿色新兴装备、节能技术及相关产品不断推广应用,环保装备制造业持续发展,行业的绿色转型步伐也在不断加快。

(三)数字技术赋能装备制造业转型升级

新一代信息技术的飞速发展,为装备制造业深挖数据价值、增强核心竞争力以及推动高端化、智能化发展提供了崭新的机遇与有效路径。

数据采集和分析技术为数字化转型夯实基础。物联网技术的发展使得在更大范围、以更高效率采集设备数据成为可能。同时,随着**人工智能、大数据、边缘计算**等技术的进一步成熟,为深入挖掘设备数据价值奠定了坚实基础。这些技术能够实现设备状态监控、使用效能提升、故障预测性维护,以及未来进一步加强产业链上下游数据的开放共享和互联互通。此外,基于设备运行数据,装备制造企业可以探索高价值设备的售后服务、租赁、贷款、保险等配套服务,支撑企业开展服务化转型。

数字孪生技术落地为数字化转型创造广阔前景。 数字孪生技术的逐渐落地，在产品研发、工艺设计、生产管控、设备运维等多个领域发挥了重要作用，尤其在航空航天等大国重器的研制中显现出巨大优势。该技术能够大幅缩短新产品开发周期，显著降低研发成本和风险，提升设备全生命周期管理能力，进一步提高产品性能和价值。

5G 技术融合创新为数字化转型打开新发展空间。 5G 作为工业互联网发展的关键使能技术，凭借其大带宽、低延时、高可靠性和广覆盖等优势，为机器视觉质检、无人驾驶工程车、设备远程操控等应用场景提供了有力保障。同时，5G 与 AR/VR/MR 技术的结合，不仅支持高清视频和无损音频传输，还能提供远程维修和仿真培训，极大地提升了维修效率以及新员工的学习效率。

（四）新一轮大规模设备更新创造新机遇

推动工业领域大规模设备更新，有利于扩大有效投资，从相关统计数据来看，在政策引导下，装备制造业将迎来新的发展机遇。

2024 年 3 月，工业和信息化部等七部门联合发布了《推动工业领域设备更新实施方案》。方案提出，到 2027 年，工业领域设备投资规模较 2023 年增长 25%，规模以上工业企业数字化研发设计工具普及率、关键工序数控化率分别超过 90%、75%。在政策支持下，2024 年前 5 个月，设备工器具购置投资同比增长 17.5%，制造业技术改造投资增长 10.0%，推动了设备需求的持续释放。5 月份，广播电视设备制造、通信设备制造行业增加值分别增长 30.7%、15.7%；数控锻压设备增长 17.2%，电子工业专用设备增长 11%。同时，随着各地消费品以旧换新配套政策陆续落地，新能源汽车类商品销售上涨。中国汽车流通协会数据显示，5 月份，新能源乘用车交易量增长了 38.4%。

2024 年前 5 个月，装备制造业投资增长 12.2%，高出制造业投资 2.6 个百分点。投资持续高位增长不仅带动了生产恢复，也为后续增长提供了强劲动力。与此同时，外需也在逐步回暖。根据海关总署的统计数据，2024 年前 5 个月，船舶工业累计出口船舶 2363 艘，同比增长 25.0%，出口额达 1209.8 亿元，同比增长 100.1%；汽车出口交货值较上年同期增长 19.4%；铁路、船舶和航空航天、通用设备、专用设备、金属制品等行业增长 8.0%～34.0%，增长幅度均高于全部规上工业平均水平；汽车、电气机械、铁路、船舶和航空航天、专用设备等行业出口交货值占全部规上工业出口比重均有提高。

二、亟须拓展新技术赋能场景，助力装备制造业补短锻长

随着制造强国建设的稳步推进，装备制造业和高技术制造业已成为推动制造业发展的主要力量。然而，当前装备制造业企业仍面临诸多挑战：关键核心技术的创新能力不足，设备运维成本居高不下且维护水平有待提升，供应链上下游协作效率较低。这些问题亟待通过数字化手段探索优化提升的解决方案。

（一）关键核心技术创新能力不足

当前，装备制造业面临着关键零部件、关键工业软件等基础能力"卡

脖子"的困境,具体表现为关键零部件与材料、底层工业数据与设计软件、研发设备、测试仪器等方面的不足。这些基础能力是复杂高端产品生产的重要支撑,基础能力的缺失往往会导致高端产品的制造和创新出现断层,阻碍产业链的延伸和壮大。

为避免重大装备基础配套能力发展滞后导致主机空壳化问题,亟须提升高端装备研制关键环节的自主创新能力。通过将大数据、人工智能等新一代信息技术与先进制造技术相结合,实现对实验数据和运行数据的监测、处理与快速分析,从而帮助研制人员持续加强对基础理论的深入认识、对制造过程的实时感知,以及对生产工艺的精确管控。

(二)运维成本高但维护水平偏低

高端装备对可靠性要求极高,但其长期处于重载、疲劳、腐蚀、高温等复杂恶劣环境中,核心部件和重要机械结构难免出现不同程度的故障。一旦故障发生,不仅会造成巨大经济损失,还可能危及人员安全。为保障装备运行,企业通常需配备专业人员进行定期维护,但熟练维修技术工人短缺、备品备件库存量大、维护流程复杂等问题日益突出,导致运维成本不断攀升,设备故障仍时有发生。

目前,预测性维护已成为运维服务的主要模式。高端装备亟须借助数字技术,将核心零部件等关键部件和结构的运行状态透明化,实现故障自诊断与智能维护、剩余寿命预测与健康管理。一方面,预测性维护可提前预测故障风险并采取措施,显著提升装备的运行精度、稳定性和可靠性;另一方面,通过对故障数据的挖掘分析,能够实现故障诊断知识和规律的积累与共享,降低对运维人员的要求,为用户提供高端装备健康运行的高质量守护。

（三）供应链上下游协作效率不高

装备制造业产业链较长且复杂,特别是重大技术装备的生产,在供应链协同方面面临着供需对接难、协同效率低、资源配置不精准或不及时等挑战。为了提升装备制造供应链的安全性和效率,装备制造企业亟须借助大数据、工业互联网平台等先进技术,打破信息壁垒,协同内外部资源与能力,以应对日益复杂的市场环境。企业应探索智慧供应链管理模式,促进信息和知识资源的高效流动与智能协作,实现装备制造业上下游资源的灵活配置,并在此基础上实现高效协同与低成本运营。

三、多维数字化解决方案,加速装备制造业高质量发展

装备制造业通过掌握核心技术、创新产品属性、提高产品附加值与服务、转变市场模式等方式,推动制造升级、产品升级和产业结构升级。数字孪生、人工智能、AR/VR、知识工程等新技术,以及网络协同制造、柔性制造、预测性维护等新模式,为装备制造业提供了多维度的解决方案,助力实现设计制造一体化协同、全生命周期透明管理和供应链高效弹性管控,服务企业发展需求,引领行业前进方向。

（一）聚焦高端装备研发设计,促进知识共享

高端装备研发设计能力和效率显著提高。 装备制造业的研发设计数字

化水平相对较高，尤其是高端装备领域。其研发设计涉及众多学科门类，是一项复杂的系统工程，为数字孪生、基于模型的系统设计与仿真等新技术与新模式的培育和发展提供了肥沃土壤。同时，数字化工具的应用显著提升了设计质量和效率，降低了研发费用和周期，为装备研制企业创造了重要价值。具体案例见表 9-1～表 9-2。

表 9-1　协同研发"云创"平台案例

装备制造企业面临诸多挑战，包括设计资源利用率低、设计人员协同程度低、设计效率无法保障、对外部新技术的洞察力不足以及缺乏有效整合外部科技资源的途径，这些问题制约了研发资源的高效利用。 中车工业研究院有限公司打造了设计研发能力共享服务平台，并开发了协同设计等工具。通过该平台，不同企业的设计人员可以基于同一设计工具进行云端协作设计，实现"设计在云、数据在云"，有效解决了研发过程中的人才资源配置问题以及协同设计过程中的数据安全和设计效率问题。目前，该平台交付的设计成果已超过 15000 份。相较于传统设计模式，云创平台可降低 15% 的人力成本，并缩短 30% 的设计周期

表 9-2　高端装备设计仿真平台案例

高端装备研发面临诸多挑战，包括难度大、成本高，研发设计资源分散，研发能力难以资产化，以及研发设计迭代周期长等问题，这些因素制约了高端装备产品的快速迭代和升级。 湖南镭目科技有限公司针对高端智能装备制造业，提供产品设计与仿真、生产过程建模与动态控制、协同工艺规划、能效优化分析、产品质量管理等功能。通过打通仿真分析工具，实现模型互操作和数据互通，突破虚拟设计、虚拟调试等瓶颈问题。该公司成功将全新智能装备的平均研发周期从 4 年缩短至 2 年，平均交付周期从 8 个月缩短至 6 个月

知识共享促进创新活力迸发。数字技术的有效利用能够显著加快工艺数据和知识的积累沉淀与迭代升级。通过将工业知识凝练并封装到工业模型和工业 App 中，构建知识图谱，可以极大地便利知识和经验的传播与复用。一方面，对于大型复杂装备的研发制造，知识的结构化有助于实现知识共享和高效利用；另一方面，借助云平台，在不增加企业软硬件成本投入的前提下，能够提升中小企业的研发设计能力，为广大中小企业赋能，激发其创新活力。具体案例见表 9-3～表 9-4。

表 9-3　知识引擎赋能大型邮轮协同设计案例

> 　　大型邮轮的尺寸和排水量均超过航母，其设计与建造涉及上千个专业领域的知识，庞大且复杂。如何准确查询和有效利用这些知识成为一大挑战。
> 　　北京智通云联科技有限公司通过其知识引擎赋能大型邮轮协同设计解决方案，将大型邮轮设计的业务流程、软件工具和设计知识进行封装，构建了大型邮轮设计知识图谱、知识库与知识服务平台。该平台实现了一站式搜索、智能推送等功能，同时提供基于知识图谱的辅助智能设计 App，显著提升了大型邮轮设计与建造的效率，缩短了周期并降低了成本

表 9-4　压力容器设计建造安全评定云平台案例

> 　　我国是压力容器的制造大国和应用大国，压力容器广泛应用于能源、电力、化工等行业。然而，国内许多中小型压力容器企业普遍存在设计建造水平不高、计算分析工具应用不足、安全风险考虑不充分等问题。
> 　　为应对这些挑战，安世亚太科技股份有限公司研发了压力容器设计建造安全评定云平台，并通过基于云平台的 LNG 储罐 App 提供全三维设计计算服务。与传统的通用工业软件相比，该 App 依托云服务，不仅大幅减少了企业在软硬件方面的投入成本，同时显著提升了 LNG 储罐的研发效率，降低了设计风险和安全事故的发生风险

（二）聚焦设备全生命周期服务，实现智慧运维

设备全生命周期服务新模式竞相涌现。设备的生命周期通常较长，且在运行期间对稳定性和可靠性的要求较高，因此设备的生产者和使用者对设备的及时、高效运维需求十分迫切。在众多解决方案中，为设备提供全生命周期运维服务的方案起步较早，且取得了显著的应用成效。其中，建立知识库以汇集和共享维修知识，提供 PC 端、App 端、小程序等多端协同操作方式，以及构建区域备件共享仓库以提升备件响应速度等新型服务模式逐渐涌现。具体案例见表 9-5～表 9-6。

表 9-5　设备保全协同服务平台案例

在设备运维领域，长期存在诸多痛点：设备维护人员短缺且技术能力不足，导致设备日常维护效果不佳、故障率较高；设备维护管理制度和工具缺乏，维修响应不及时，影响企业生产效率；设备维修周期长、效率低，导致设备停机时间延长，进一步影响生产。

中国兵器装备集团自动化研究所有限公司通过采用设备全生命周期管理、健康诊断预测、保全知识库、大数据 BI 分析等关键技术，推出了一种从设备状态监控预警、备件供应到上门保全服务的全流程协同服务新模式。通过收集、整理和共享行业内最新技术与最佳实践，平台实现了维修技能的知识化积累、传承与智能推荐，大幅提升了行业知识的利用率，改变了行业技能培养体系和提升模式。该模式成功减少了高价值关键设备的突发故障事件 52% 以上，设备利用率提高了 15%

表 9-6　机电轨道交通工业互联网平台案例

传统的城轨车门维修方式通常为故障后定点维修或定期维修，这种方式存在诸多问题：故障难以准确定位，排查难度大，且耗费大量人力。因此，亟须借助精准、便捷、高效的运维服务，在确保运营安全的同时降低运维费用。

武汉市中制智造技术有限公司基于大数据技术，开展了复杂机电产品的健康监测和预警研究，并开发了轨道车门 PHM（预测性健康管理系统）智能算法。该公司结合不同种类的亚健康表征数据，构建了多种类数据融合的亚健康诊断模型，实现了领域内技术、知识和经验等资源的封装、固化与复用，并能够快速构建定制化 App。该系统诊断准确率超过 95%，预测准确率超过 80%，维修工作量减少约 50%

智慧运维服务能力和服务效果持续提升。从商用飞机到植保无人机，作为装备制造业的典型应用场景，状态监测、故障预警、预测性维护、远程运维等智慧运维场景已在多个行业落地，并取得显著成效。这些技术的应用极大地提高了设备运行的安全水平和效率，同时降低了运维成本。具体案例见表 9-7～表 9-8。

表 9-7　国产民机实时监控及远程运维服务平台案例

国产民机是集多种高新技术于一体的大型复杂系统，由于飞行过程中处于高温、高速的恶劣环境，关键部件难免发生故障。然而，飞机在空中的状态无法实时掌握，且运营过程中产生的大量数据未得到充分利用，这些问题一直难以解决。

上海飞机客户服务有限公司通过推出国产民机实时监控及远程运维服务平台，构建了一个集"飞机实时监控+故障排除支持+供应链协同+大数据分析"功能于一体的飞机服务平台。这一平台大幅提升了飞机维修效率和维修质量，提升幅度超过 10%。每年，该平台为航空公司节约了近 6000 万元人民币，在保障国产飞机机队安全顺畅运营的同时，也塑造了国产飞机的良好口碑

表 9-8 基于"5G+AR+微晶码"的植保无人机远程运行维护案例

植保无人机作为高端农用装备,在飞防作业中发挥着关键作用。然而,随着应用的爆发式增长,"黑飞伤人"、作业过程失控"炸机"以及售后维修难度高等问题,严重制约了行业的发展。

北京航天智造科技发展有限公司基于"5G+AR+微晶码"技术,开发了植保无人机远程运行维护解决方案。该方案已完成 1854 个植保站和 13354 台无人机设备的接入,实现了无人机设备生产运行状态监测和工况监控。通过设备故障预警和预测性维护等服务,设备运行效率和综合利用率均达到 95% 以上,运维成本降低约 6700 万元。这一方案对保障农业生产和农产品安全具有重要意义

(三)聚焦供应链效率和效益,助力供需对接

供应链资源整合协同能力有效提升。装备制造业的供应链较长,零部件供应商众多且分散,半成品和产成品的库存水平较高,这对企业的供应链资源整合与协同能力提出了较高的要求。为了应对这一挑战,汽车、船舶等行业通过建设统一平台,成功打破了数据流通壁垒,实现了供应链各环节的实时状态掌握。这一举措显著降低了供应链运作成本,同时减少了因生产缺料和质量问题所造成的损失。具体案例见表 9-9~表 9-10。

表 9-9 汽车行业产业链保障案例

随着整车生产模块化及通用零部件的增多,行业迫切需要实现上下游的高效协同,以应对市场的快速变化,并实现整体效益的最大化。

上海汽车集团股份有限公司乘用车分公司聚焦自身供应链的全业务数字化,成功构建了上汽领飞工业互联网平台。该平台建立了统一的预测、库存、订单等供应链基础元素机理模型,有效解决了多层级客户的供应链组网难题,帮助上下游企业实现了预测可见、库存可知、订单交付可测的目标。通过推动全产业链和供应链的数据共享与业务协同,平台显著提高了业务透明度和协同效率。

此外,上汽领飞工业互联网平台还实现了供应链生态伙伴从项目立项到批量供货,再到售后服务的全链路在线协同。通过将上汽质量体系向供应商端延伸,平台赋能供应链生态伙伴进行质量数字化升级,结构化降低了供应链质量成本,并有效推动了生态上下游中小企业的快速数字化转型

表 9-10　面向全产业链协同的船舶总装建造数字平台案例

　　船舶制造企业长期面临生产配套难度大、物资供应上下游协同不足以及信息断点、断链等问题，亟须打造船舶建造一体化管控新模式。
　　上海东欣软件工程有限公司构建了一体化数字协同管理平台，将原有的多系统信息局部集成转变为基于统一平台和统一源头数据的业务链全流程信息集成。通过实时跟踪订单和中间产品状态，实现了供应链管理的延伸和透明化。以船舶总装关键链为主线、要素数据为驱动，建立了计划、工时、物资、质量和成本之间的关联约束，实现了全数据链贯通和全要素管控。这一举措使船舶建造总周期缩短了 5%，计划执行对应率达到 90% 以上，物资配齐率超过 85%。

供需精准对接助力管理运营效率持续提升。在装备制造企业向产业链和价值链高端转型的过程中，寻找能够满足中高端配套要求的供应商至关重要。在大市场、多主体和信息不透明的复杂场景下，平台作为资源汇集、信息共享和高效协同的重要工具，其在提升供需对接能力及企业运营效率方面的作用日益凸显。供应链协同服务平台、共享制造平台等发挥的桥梁纽带作用不可或缺，能够为装备制造业相关领域企业提供便捷、高效、绿色的供需对接解决方案。具体案例见表 9-11～表 9-12。

表 9-11　工业零部件供应链协同数字化制造服务平台案例

　　我国拥有超过 70 万家零部件供应商，工业零部件市场总规模超过 14 万亿元，仅汽车零部件行业的规模就超过 3 万亿元。尽管工业零部件市场空间巨大，但由于上下游产业链极度分散，供应链对接的需求覆盖多个行业和多种工艺，面临着专业性、时效性、真实性等诸多挑战。
　　上海海智在线网络科技有限公司推出的工业零部件供应链协同数字化制造服务平台，针对这一市场需求，建立了工业零部件领域的需求产能智能化匹配系统。该平台显著提升了零部件业务流程中的供应链管理、数字化协同制造和交易流通管理能力，帮助企业在复杂的产业链环境中实现了增效降本。

表 9-12　钢板切割共享平台案例——云切在线

　　随着我国汽车工业、工程机械、风力发电等行业的迅速发展，钢板零部件制造业和特殊材料的切割加工逐渐呈现出小批量、个性化和高精度的趋势，这对加工企业提出了更高的要求。
　　嘉兴云切供应链管理有限公司推出的云切在线钢板切割共享平台，创新性地打造了"智能+协同制造"新模式，整合了产业链上下游资源，实现精准对接。平台依托云切大数据中心，提供智能派单、自动报价、供应链金融等服务，帮助中小微钢板切割企业实现降本增效，提升生产效率。目前，云切共享平台已经在工程机械、风力发电、焊接自动化、电梯等行业成功落地，其技术和商业模式具备良好的推广前景，未来可复制应用于车辆、船舶制造等领域，同时也有望在自动化、电子、服装等行业得到广泛应用。

第十章
电子信息制造业：以数字化推动产品精益求精

电子信息制造业是指研制和生产电子设备以及各种电子元件、器件的工业，涵盖电子元器件、通信设备、广播电视设备、雷达设备、电子计算机及其他电子专用设备等多个生产领域。根据产业链的不同环节，电子信息制造业可分为上游的元器件及核心部件、中游的模组环节及设备，以及下游的电子应用产品三个部分，具体如图10-1所示。

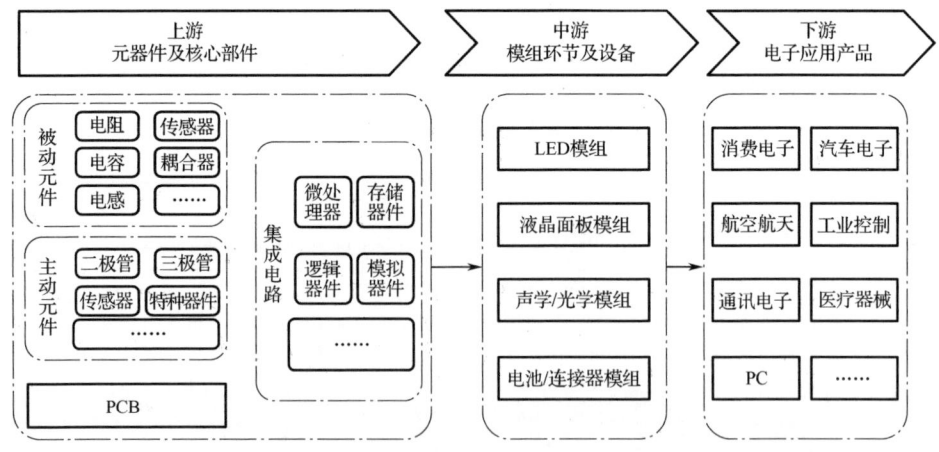

图 10-1 电子信息制造业产业链

一、电子信息制造业是我国工业经济的重要组成部分

作为全球战略性、基础性和先导性的重要竞争产业，电子信息制造业具有技术含量高、附加值大、渗透性强、带动作用显著等特点。我国电子信息制造业发展迅速，多个细分领域的产量和市场规模已位居世界第一。然而，产业在集成电路、电子元器件等细分领域仍处于价值链的中低端环节，在生产设备、原材料、技术等方面仍面临瓶颈问题。当前，产业已步入高质量发展的新阶段，凭借信息化基础优势，电子信息制造业在产业数字化进程中处于领先地位。具体来说，产业具备以下特点。

（一）中小企业竞争加剧，行业加速实现创新追赶

电子信息制造业以中小企业为主，竞争格局较为分散。在集成电路设计领域，约90%的企业为中小型企业；LED生产企业数量超过2万家；在消费电子领域，中小企业占比也超过90%。在激烈的市场竞争中，企业为求突破，积极推动行业创新，涌现出了一批具有创新能力的企业。以海思半导体、寒武纪、紫光展锐为代表的半导体企业，在先进工艺研发上不断缩小与全球先进水平的差距；国产封测龙头企业，如长电科技、华天科技等，技术水平已实现与国际企业并跑，推动了封测领域的国产化进程；华为、小米等消费电子企业在国内外市场的影响力持续扩大。

（二）技术加速更新迭代，助力产品智慧智能升级

随着 5G、人工智能、云计算、物联网等新一代信息技术的不断演进，电子信息制造业的发展驱动力正从规模效应向技术创新转型。一方面，电子信息制造业对 5G、人工智能等技术的创新迭代起到了重要支撑作用；另一方面，新技术的发展和新基建的加速推进，刺激了终端产业的需求，倒逼产业链进行智能化升级，催生了新的利润增长点，提升了产业发展质量，推动产品的加速迭代。例如，5G 技术的推动使 PCB 和集成电路领域的产品向高密度、高精度、高性能方向发展，产品体积不断缩小，重量更轻，性能持续升级。在消费电子领域，OLED、曲面屏、折叠屏、激光电视等创新产品不断涌现，关键部件和产品也在持续创新和迭代。

（三）东南沿海主攻研发，中部西部承接产业转移

从区域分布来看，我国的电子信息制造业主要集中在珠江三角洲、长江三角洲和环渤海湾地区，目前呈现出从东南沿海向中西部地区转移的趋势。广东省是我国最大的电子信息产业生产制造基地和创新高地，在全球也具有重要地位。深圳、上海、北京是国内集成电路（IC）设计产业规模前三大城市，三地合计占比达到 60%。由于人力成本等因素的驱动，中西部地区正在积极承接生产制造业的转移。未来有望形成以东南沿海为主的高端研发制造中心，以及以内陆地区为主要生产制造基地的发展格局。

（四）各级政府高度重视，创造了良好的发展环境

在数字中国建设的大背景下，我国相继出台了多项支持政策，推动电子信息制造业的技术升级和高质量发展，致力于打造以新一代电子信息技术为基础的全新产业结构。工业和信息化部、财政部联合发布的《电子信息制造业 2023—2024 年稳增长行动方案》明确提出，要进一步提升高端产品的供给能力，持续优化产业结构，不断推进产业集群建设，促进上下游的协同发展，形成良性循环。同时，中央会议多次强调要加快发展新质生产力，推动 5G 网络、数据中心、工业互联网、人工智能等数字新型基础设施建设，这为电子信息制造业带来了重要的发展机遇。

二、电子信息制造业在发展中面临多个维度的问题

电子信息制造业产业链涵盖多个环节，产品种类繁多，处于不同环节和规模的企业面临着不同的发展难题。通过对 40 余家电子信息行业企业的调研和访谈，作者分析并总结了这些企业在不同环节、不同规模下所面临的共性痛点。

（一）从产业链上中下游来看

根据产业链的上、中、下游划分，结合问卷调查和访谈结果，作者梳

理了各环节企业发展面临的具体问题,并依据企业选择问题的数量绘制了热力图(见图10-2)。以下是各环节的具体情况分析。

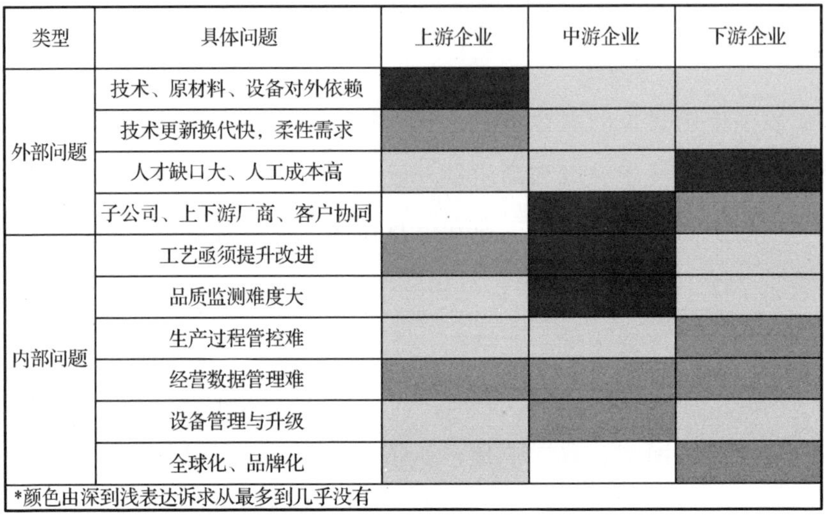

类型	具体问题	上游企业	中游企业	下游企业
外部问题	技术、原材料、设备对外依赖			
	技术更新换代快,柔性需求			
	人才缺口大、人工成本高			
	子公司、上下游厂商、客户协同			
内部问题	工艺亟须提升改进			
	品质监测难度大			
	生产过程管控难			
	经营数据管理难			
	设备管理与升级			
	全球化、品牌化			

*颜色由深到浅表达诉求从最多到几乎没有

图 10-2 产业链不同环节电子信息制造业面临问题热力图

在上游环节,电子元器件、半导体芯片等领域面临的主要问题包括生产设备和原材料依赖进口等。欧美等发达国家对产业技术、产品及设备的管控日益加强,这增加了我国电子信息制造业在上游领域的技术突破难度。当前,我国电子信息制造业在上游的生产设备和原材料领域仍然较为薄弱,依赖进口的情况较为严重。具体来说,高端电子产品生产所需的硅晶片、特种树脂等原材料主要被美国和日本垄断;在生产设备方面,光刻机、刻蚀、镀膜、量测、离子注入等核心设备仍严重依赖进口。

此外,上游高端芯片产业的技术研发仍处于爬坡阶段。由于产业链上游的高技术产品通常具有高技术含量、研发周期长且投入大,加之欧美发达国家的技术管控,我国在高端半导体和集成电路领域的自给能力较低。具体到**设计方面**,我国半导体企业与国际先进水平的差距较大,全球十大IC设计公司几乎全部位于欧美等发达国家或地区;**制造方面**,国内的IC制造企业技术水平相对较低,具备先进制程工艺和大规模生产能力的企业屈指可数。当前行业整体处于不断追赶国际先进水平的阶段。**封装方面，国产封测龙头企业的技术水平与国际接轨，整体国产化程度较高。**

不同半导体材料及设备国产化情况见表 10-1。

表 10-1　不同半导体材料及设备国产化情况

材　　料	国产化情况	生　产　设　备	国 产 化 率
硅晶片	6寸及以下依赖进口，少量8寸，12寸依赖进口	单晶炉（半导体用）	<20%
光刻胶	集成电路用光刻胶主要靠进口	光刻机	<10%
电子气体& MO 源	低于 20%	刻蚀机	<10%
CMP 抛光液	低于 10%	离子注入设备	<10%
CMP 抛光垫	低于 5%	CVD/PVD 设备	10%～15%
超纯试剂	30%	氧化扩散设备	<10%
溅射靶材	主要依赖进口	键合机、划片机、减薄机、检测设备、分选机	<20%

中游环节的模组厂商和部分上游元器件生产企业面临着制造体系优化等问题。中游产业领域的市场进入门槛相对较低，竞争激烈，存在大量规模较小、利润较薄的企业，且自动化水平不高，甚至许多企业仍以手工作业为主。一方面，随着电子信息制造业技术更新迭代的加快，以及政策对低质量产品生产的管控日益严格，低端产品面临更大的环保法规压力，存在被淘汰或被颠覆的风险。另一方面，由于低端产品的进入门槛低，企业依赖价格竞争来获取市场份额，导致产品利润率持续下降。以国内 LED 行业为例，尽管技术水平与国际先进水平基本持平，但由于行业技术含量较低，大量生产企业涌入，进一步压缩了行业利润空间。

在下游环节，终端厂商面临着上游核心部件研发的制约和快速变化的消费需求、产品创新难度大的问题。国内企业在智能手机、移动基站、安防等领域已经确立了品牌优势，华为、小米、TCL、联想等国内消费电子企业的市场影响力持续扩大。然而，在发展过程中，依然面临诸多挑战。

首先，核心零部件，尤其是半导体芯片的制造，仍受制于国外厂商，国内企业在高端产品领域对进口依赖较大。其次，消费电子产品的生命周期较短，更新速度较快，这对企业的柔性生产能力提出了更高的要求。再次，由于终端产品涉及的部件组装工序繁多，对上游供应商的产品质量要求较高。同时，随着人工成本的不断上升，企业需要重点关注生产成本的控制。

（二）从企业发展的规模来看

根据企业营收规模和行业影响力，40余家电子信息制造企业可以划分为头部、腰部和尾部三个类别，并分别进行分析。同时，依据企业面临问题的数量，绘制问题热力图（见图10-3）。

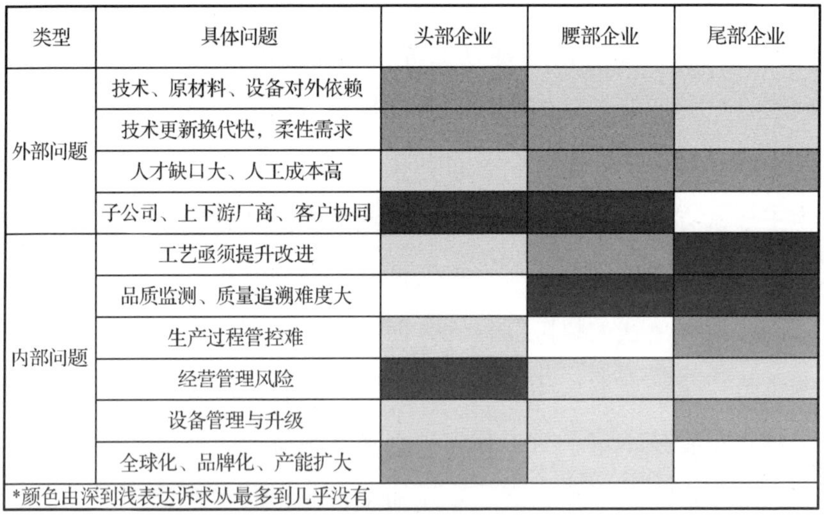

类型	具体问题	头部企业	腰部企业	尾部企业
外部问题	技术、原材料、设备对外依赖			
	技术更新换代快，柔性需求			
	人才缺口大、人工成本高			
	子公司、上下游厂商、客户协同			
内部问题	工艺亟须提升改进			
	品质监测、质量追溯难度大			
	生产过程管控难			
	经营管理风险			
	设备管理与升级			
	全球化、品牌化、产能扩大			

*颜色由深到浅表达诉求从最多到几乎没有

图10-3　不同规模企业面临问题热力图

头部企业主要面临经营管理、产业链协同和柔性生产等问题。 头部企业的数字化和信息化水平较高，且具有显著的规模优势。其核心需求集中在全流程的数字化管理、柔性生产能力和产业链协同等方面。一方面，头部企业通过应用工业知识和管理技术数据，提升决策能力和管理效率。例如，某 LED 头部制造企业为满足客户对产品性能的个性化需求，计划改造自动化生产线和柔性化装配生产线。另一方面，头部企业还需加强产业链上下游及各子公司间的信息流通，促进研发、生产、销售全流程的资源协同。

腰部企业则需要通过品质优化和工艺改进等手段实现产能扩张和品牌化发展。腰部企业在行业内已占据一定的技术或商业模式优势，其关键需求是快速巩固现有优势并提升市场地位。为此，这些企业迫切需要通过上下游协同、生产工艺改进、产品质量提升、产能扩张以及管理模式优化等途径增强核心竞争力，从而向头部企业靠拢。例如，某 LED 模组生产企业，当前的关键需求既包括稳定生产和扩大产能，又涵盖应用最新 IC 工艺提升显示屏产品质量等方面。

尾部企业的关键问题则是如何提升产品工艺、提高产品质量并避免被市场淘汰。尾部企业通常规模较小，利润较薄，大多数企业的自动化水平不高，甚至仍以手工作业为主。随着电子信息制造业技术更新迭代速度加快，以及政策对低质量产品的监管不断加强，尾部企业面临的压力更大。因此，尾部企业的核心需求是稳住市场地位、避免被淘汰，并尽力获得更多订单。为了实现这些目标，尾部企业必须不断提升生产工艺和产品质量，以达到行业平均水平，并积极开拓市场，做好销售工作。

三、推动数字化转型是解决产业发展问题的重要方式

在数字化发展的浪潮中，数字技术进一步放大了电子信息制造业的发展潜力和行业带动作用。电子信息制造业的发展在技术更迭与创新上，依

赖于全产业链的研发投入、长期的技术积累以及产学研的协同合作来推动，而一些问题则可以通过数字化转型来解决。通过总结我国电子信息制造业数字化转型的实践经验，我们提炼出了一套电子信息制造业数字化转型的环节路径、业务方向、系统建设与产业服务的数字化转型路线图（见图10-4）。

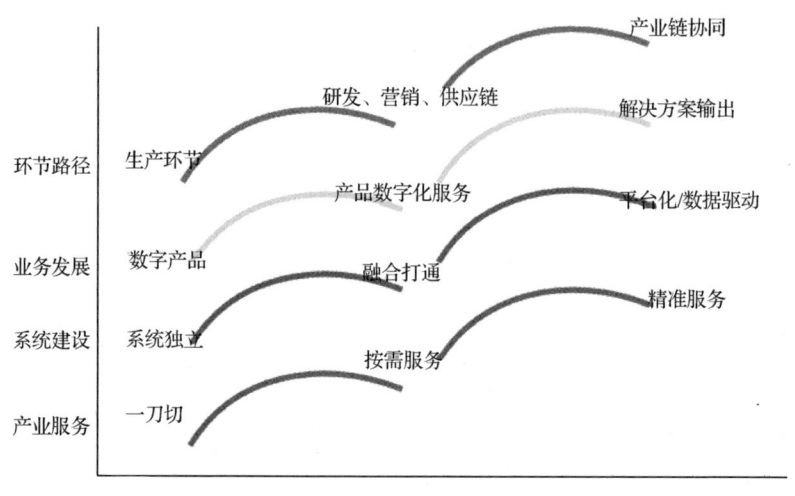

图10-4　电子信息制造业数字化转型路线图

（一）环节上，由内向外开启转型进程实现提质增效

电子信息制造企业以中小微企业为主，这些企业在生产与运营内部的数字化转型需求更为迫切。如图10-5所示，电子信息制造企业的数字化实施路径通常是从工厂内部的数字化应用改造入手，先聚焦于内部生产制造环节，逐步向外扩展，最终实现全链条的数字化协同提升。在内部转型过程中，主要聚焦于工艺优化、质量管理和设备管理等方面，通过优化不合理且低效的流程，提高生产效率和产品质量，进而推动生产管理模式的变

革。至于外部产业链协同，虽然目前应用场景相对较少，但随着新技术的应用，正在逐步发展新的业务模式。

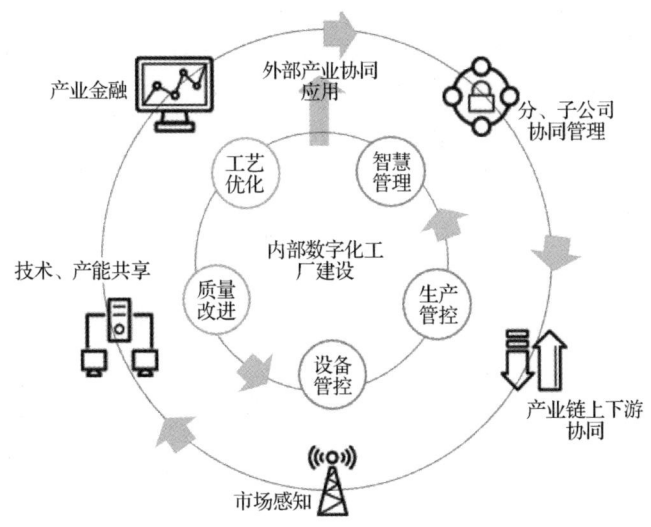

图 10-5　电子信息制造企业"由内向外"的数字化实施路径

优化工艺和提升良品率是产业数字化转型的首要切入点。电子产品对精度和品质要求极高，良品率和生产工艺精度面临较大挑战，这是行业普遍存在的问题。在此背景下，电子信息制造企业的数字化转型应从单一的工艺改造和质量提升等场景入手，解决发展痛点，从而提高产品质量和市场竞争力。在生产工艺方面，可将行业知识、数据、机理模型与人工智能（AI）、5G、增强现实（AR）/虚拟现实（VR）等新技术融合，优化生产过程，提高生产线效率，进而改善制造工艺、技术和产品质量。在质量管理方面，通过整合和分析生产过程中产生的质量数据、工艺数据、流程数据和制造参数等，开展产品质量检查与监控，实现质量的精准把控。具体案例见表 10-2。

表 10-2　SMT 稳健质量数字化转型案例

服 务 商	应 用 企 业
中电工业互联网有限公司、湖南满缘红质量技术创新发展有限公司、中电凯杰科技有限公司、长沙智能制造研究总院有限公司	中国电子彩虹集团、中电凯杰科技有限公司
解决方案做法	存在的问题
1）基于中国电子 PK-S 体系，核心采用稳健质量工程技术。 2）整合稳健参数设计（RPD）、统计过程控制（SPC）、过程能力分析、排列图、线内质量工程（On-Line QE）等多种质量工程技术。 3）融合智能化数据仓库技术和新型数据建模技术。 4）开发了钢网印刷工艺优化、SPI 工况分析、SMT 贴片工况分析、AOI 工况分析、波峰焊工艺优化、波峰焊工况分析、FCT 工况分析、供应商质量保证能力评价、SMT 产线工序诊断与调节等 9 个工业 App	我国 SMT 行业普遍存在利润低、质量不稳定、工艺优化 App 缺失等问题 1）行业平均利润薄：行业平均利润率仅约 2%，平均利润仅为 50 万元/年。 2）产品质量不稳定：生产模式以多品种小批量为主，工艺柔性程度差。 3）工艺优化 App 缺失：中小企业自行开发工业 App 难度大，导致行业缺乏有效的工艺优化 App
	应 用 成 效
	1）每条产线每年创造直接经济效益增加值 23.8 万元的效果。 2）解决了产品质量不稳定的问题，使单位产品平均加权缺陷数量由 1.7%降低到 0.4%。 3）解决了工艺优化 App 缺失的问题，对钢网印刷工序和波峰焊工序进行了优化。 4）填补了国内电子信息制造业工艺优化 App 的空白

提升生产设备管控维护能力，实现数字化工厂建设。电子产品的生产高度依赖机器设备，因此对设备的高稼动率有着极高的要求。基于这一特点，电子信息制造企业在完成工艺和质量提升后，将更加注重设备管控的提升。通过增强生产管控能力和设备的数字化管控，企业能够实现工厂内部生产制造的标准化和智慧化，进而为构建数字化工厂奠定基础。在具体操作上，企业可以通过设备运行、备品备件、设备维修等模块的数据收集，建立基于设备数据的在线监控、预测预警和防错体系，确保设备始终保持

在受控状态，进而实现设备的精准管控与健康管理。同时，通过应用人工智能算法和工业大数据模型，企业可以进行生产设备资源的调度优化，实现节能降耗的目标。

由生产环节转型，向研发营销等其他环节进行拓展。随着电子产品更新换代速度的加快，企业的发展离不开先进的技术和产品。为了适应市场需求，许多企业在生产环节数字化取得一定成效后，会将产品数字化研发作为重点。通过数字化研发系统的布局，以及研发系统与生产、销售等数据系统的互联互通，最终实现智慧研发和精准营销。一方面，通过建立基于CAx（计算机辅助设计、工程、制造）的数字化产品设计流程，企业可以建立产品研发项目管理系统、产品模块化系统以及产品全生命周期管理系统（PLM）。结合研发仿真软件和数字孪生模型，企业能够指导产品的研发设计迭代，快速响应市场变化，缩短研发周期，降低产品开发成本。另一方面，电子信息制造企业通过构建线上线下相结合的销售业务管理系统，融合客户数据、渠道数据等信息，实现多渠道销售体系的数据管理。这使企业能够灵活应对市场后端业务操作模式和产品需求的变化，最终实现精准营销。

从企业内部数字化，向外部数字化协同整体提升。随着企业数字化转型的不断深入，应用场景的覆盖范围也在不断扩展，从局部到整体，企业对产业链、供应链协同的需求日益增加，尤其是中游模组企业和下游消费电子企业对此需求更为强烈。因此，企业通过数字化技术，整合和优化供应商、客户等信息流、物流等生产信息，协调企业内外部资源共同满足市场需求，降低库存，提高市场响应速度，实现全链条数字化协同。此外，市场感知、技术产能共享等数字化应用场景也将不断扩展。例如，在供应链协同方面，通过物联网和标识解析等技术，推动产业链中下游模块组件或终端应用环节的零部件供应、物流和管理协同。在资源协作方面，虽然当前服务场景较少，但已有部分服务商试点应用应收账款等数据，与银行及金融机构开展产融合作，推动供应链金融等新模式的应用与发展。具体案例见表10-3。

表10-3 电子信息制造企业供应链数字化转型案例

服务商	应用企业
紫光云引擎科技（苏州）有限公司	新华三集团
解决方案做法	存在的问题
1）构建工业物联网平台，实现资产统一纳管；开发制造过程管理模块，优化生产流程；搭建业务流程管理业务模块，提升运营效率；打造数字化运营模块，包括数字孪生和企业云图，实现智能决策支持。 2）为各分公司、子公司构建全场景智能工厂解决方案，涵盖供应商管理、采购流程、生产计划、设备联网、质量控制、产品追溯、仓储物流及管理等环节，实现全流程智能化管理	对企业各分公司、子公司间数字化工厂信息化规划方法论不统一的问题，以及信息化"烟囱式"建设、盲目式建设等问题进行全面剖析
	应用成效
	1）生产库存周转率显著提升（超过50%），货物周转速度加快，资金利用率提高，运营效率明显提升，开机坏件率同比下降。 2）端到端供应链的可视性明显提升

（二）业务上，由产品向数字化服务延伸打造新优势

随着电子信息制造业及细分领域龙头企业数字化进程的不断推进，企业的数字化业务逐步从内部生产运营优化向外部业务拓展转型。如图10-6所示，从生产数字化产品到提供产品数字化服务，再到输出数字化解决方案，企业的业务模式不断升级。这一转型推动部分龙头企业从单一的电子制造商成功转型为数字化解决方案提供商。

不断提升模组和终端产品的数字化、智能化水平。在技术普惠的作用下，下游电子产品制造企业的数字化转型渗透率不断提高，企业所提供的电子产品的智慧化和智能化水平也在持续提升。例如，企业加速电子产品的技术创新，积极应用国产人工智能（AI）技术，提升产品的智能化水平，

并增强人机交互的便利性。同时，借助虚拟现实、超高清视频等新一代信息技术，企业不断提升创新能力，开辟新的消费增长点。

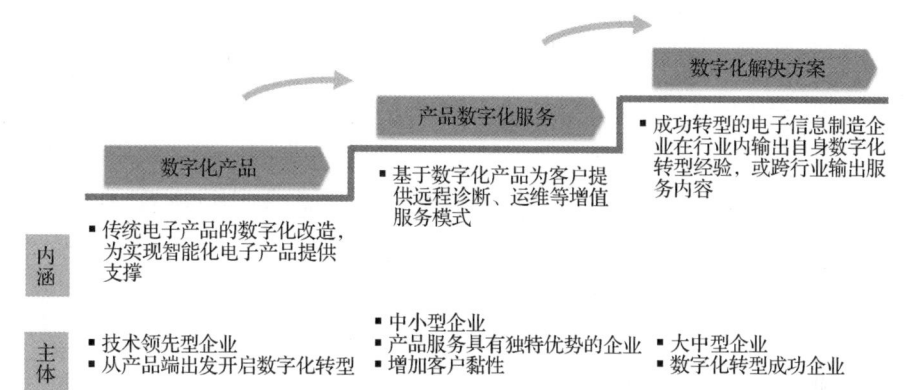

图 10-6　电子信息制造企业业务数字化转型路径图

从数字化产品到数字化增值服务的转型。在数字化产品的基础上，电子信息制造企业逐步开启了数字化增值服务。为了增强客户黏性，这些企业在产品交付后，基于数字化技术提供远程诊断、远程运维、远程设备管控等增值服务，形成了"产品+服务"的新盈利模式。例如，部分电子信息制造企业打造了从前端智能硬件到 AI 音视频技术算法、软件平台、支付结算、云服务、移动端应用的全系列自研产品与应用，利用数字技术延伸出从"硬"到"软"的服务；一些中游显示屏模组企业则在产品基础上增加了设计仿真、售后环节的远程诊断及故障排除等服务。

细分领域头部企业提供解决方案，实现服务化转型。以中国电子、紫光、浪潮、TCL 等为代表的细分领域龙头企业，沿着服务化转型的路径，基于自身的数字化经验，输出行业内的数字化解决方案，成为服务化延伸的领军企业。例如，紫光云的 UNIPower 为芯片设计企业提供从生产过程优化到产业协同等多类型服务；研祥智能作为国内最大的工业控制计算机制造商，为日东电子、富士康、TCL 等一批电子信息制造企业提供设备管理方案；格创东智基于在面板和消费电子领域的工业知识、模型和机理积累，为集团上下游企业输出质量优化管理、工艺优化管理等解决方案；中国电子通过打造云网 BachOS，帮助电子玻璃、SMT、平板显示等细分领域的企业开展数字化转型。

（三）系统上，由独立向协同融合演进实现数据驱动

电子信息制造企业数字化转型的核心目标是利用传统信息化系统或新兴技术与工具，实现特定业务场景的数字化转型，打破信息孤岛，整合各业务系统。最终，通过平台实现全业务、全环节的数据共享，推动基于数据驱动的生产、管理和运营模式的转型。

各系统环节之间数据打通，推动数字应用范围扩大。随着各业务环节（包括生产、研发、供应链和营销）的数字化应用不断深化，各系统之间的融合度逐渐提升，数据不断积累和完善，数字化转型的进程也随之加快，推动企业数字化应用范围的扩大和数字化功能的完善。例如，生产环节与研发环节的打通，可以加速新产品的试产与量产；生产环节与供应链环节的打通，可以实时向供应商发起物料需求；生产环节与营销环节的打通，可以精准掌控市场需求，减少库存压力；研发环节与营销环节的打通，可以实现产品的快速迭代；供应链与营销环节的打通，有助于客户实时掌握订单状态和物流进度，提升整体运营效率。

全链路数据驱动用户导向的柔性化生产。通过打通客户需求、市场变化数据和产线系统，逐步实现数据实时反馈，推动生产供应商迅速响应。整合消费端、生产端等上下游资源，形成设计研发、生产制造、物流配送和售后服务等环节的数据闭环，实时反馈市场需求，推动产品研发迭代向

柔性化生产发展。同时，深入挖掘采购数据、供应商数据、订单数据等，形成精准的系统模型，助力供应商实现产品数据分析与管理、决策支持、定价分析和市场分析等功能。这不仅能提升需求对接效率、缩短交付周期、快速响应市场，还能满足电子信息制造业相关企业多品种、小批量需求的柔性生产，甚至支持个性化定制，进一步提升企业在市场中的竞争力与灵活性。

（四）服务上，由产业大脑助力实现集群化效能提升

在产业服务领域，电子信息制造业的数字化平台建设正加速普及。服务模式从过去"一刀切"或"一对一"的传统方式，转变为更具个性化和灵活性的"产业大脑"定制服务。区域内企业能够根据自身需求，灵活选择所需的服务内容，从而实现产业整体发展效能的显著提升。

搭建区域电子信息制造业产业大脑平台。通过对区域内电子信息制造业产业发展基础的梳理，明确服务平台建设需求，构建产业大脑平台，接入相关企业的设备、工厂等数据，并引入产业服务商、技术服务商等资源。该平台重点为电子信息制造业产业主管部门和企业等主体提供针对性强、可复用、低成本的数字化产业服务工具和资源，助力提升区域电子信息制造业产业发展效能。例如，惠州仲恺高新区国家级电子信息制造业产业基地建设的集群平台，为集群企业提供能耗、设备等场景应用，服务电子生产核心环节；松山湖联合华为打造的电子信息制造业产业云平台，则向区域内企业提供多类型数字化转型工具，推动产业升级。具体案例见表10-4。

表 10-4 惠州仲恺电子信息制造业产业集群公共服务平台应用案例

服 务 商	应 用 企 业
联通（广东）产业互联网有限公司	惠州仲恺高新区国家级电子信息产业基地
解决方案做法	存在的问题
1）搭建园区产业集群公共服务平台，独立下沉至 MEC，实现云边协同、就近接入，统一承接 5G 应用，提供分权分域的服务模式，帮助企业根据实际需求灵活选择服务内容，从而降低部署成本。 2）以 5G 创新应用和企业需求为切入点，通过高 ROI 应用效益分成模式，促进 5G 专网设施的建设，推动 5G 技术的规模化商用。 3）面向集群企业提供包括能耗管理、设备管理、物流管理、质量管理等八大场景应用，全面提升生产效率与管理水平。推动"5G+工业互联网"深度融入生产核心环节	传统网络性能难以满足企业生产管理需求； 企业积极探索 5G 致力于应用融合创新； 电子产品研发测试迫切需要匹配网络设施和服务； 区域产业服务能力较弱
	应 用 成 效
	1）引入 10 家高新技术企业落户仲恺高新区 2）服务 10 家 5G 应用研发领域创新企业 3）打造 20 家集群标杆示范企业 4）推动 50 家企业完成 5G 内网改造 5）拉动 100 家企业实现上云上平台

为区域主管部门提供产业监管、治理等功能。通过产业大脑的建设，能够更清晰地了解区域内电子信息制造业的发展需求、现状和趋势，进而提供更具针对性和专业化的精准服务。一方面，通过收集和整合相关企业的产业链供应链信息、经济运行数据、技术创新成果以及产品信息等，绘制区域内电子信息制造业的全景画像，开展产业监测和集群服务。另一方面，产业大脑还可为产业管理方提供产业运营发展监管、工业投资运行监测、经济运行态势分析、产业分布掌握、强链补链以及安全生产监控等服务。

为企业提供低成本、轻量化的产品数字化转型工具。通过构建产业大脑，将仿真、工艺、质量等工业知识进行模块化封装与调用，并借助"云-端"协同实现优质资源和解决方案在中小企业的低成本共享、复用与扩散。产业大脑还引入数字化工具、电子元器件测试服务、技术转移服务、孵化服务等多方服务商，强化供需对接，为区域内企业提供低成本的技术服务和优质发展环境。例如，金蝶构建的星空工业互联网平台，已助力 1000 多家中小电子企业通过公有云快速搭建数字化平台，提供全价值链上云服务，推动业务数据、流程和用户底层的互联互通，驱动生产运营持续优化。具体案例见表 10-5。

表 10-5　金蝶云企业级数字化转型案例

服　务　商	应　用　企　业
金蝶软件（中国）有限公司	1000 余家中小企业
解决方案做法	存在的问题
1）采用领先的云技术架构 基于微服务、容器、多租户技术，实现云化部署。低代码平台支持 SaaS 软件的快速开发，云-边-端架构实现云 MES 与边缘设备的互联互通。 2）平台化的业务架构 提供 SaaS 应用模块，覆盖边缘层、执行层和企业层的纵向与横向一体化方案。横向涵盖研发、经营、制造、售后四大领域。底层智造平台包括 MES、QMS、WMS 和 EAM 等，支持柔性制造，可通过边缘层与设备连接。 3）主要功能 解决方案覆盖 ERP 范围的财务云、供应链云、制造云等，研发管理的 PLM 云，生产执行的 MES 云，销售前端的新零售云、全渠道云，以及大数据分析的经营分析云、行业云	1）中小电子企业面临的"多品种、小批量、短交期"生产模式，对其生产运营构成了巨大挑战。 2）企业需求升级，以"关注用户价值"为核心，需要在服务、成本、研发、营销、生产、质量等十二项能力上实现突破，如服务的全生命周期追溯。 3）数字化转型成本高，导致许多企业望而却步，不愿转型
	应　用　成　效
	1）产品研发优化：基于 PLM 云，实现从产品创意、设计、样机制作、生产、销售到售后的全生命周期管理，涵盖项目管理、数据管理、异地协同设计及研发制造一体化能力。 2）柔性制造能力：通过制造执行和品质过程优化，实现柔性制造能力。 3）智能数据服务：在全要素的数据收集的基础上，利用人工智能算法创新场景解决方案，赋能企业持续改善

电子信息制造业企业解决方案服务见表 10-6。

表 10-6 电子信息制造业企业解决方案服务

类型	服务商	核心业务优化						生产保障能力提升			社会化资源协作			
		研发设计优化	生产过程优化	工艺优化	质量优化	供应链管理	管理决策优化	设备资产管理	安全生产	节能减排	产业协同	分享制造	按需定制	产融合作
电子信息制造业龙头企业	富士康工业互联网股份有限公司	■			■			■	■					
	紫光云引擎科技(苏州)有限公司		■	■		■		■			■			
	华为云 FusionPlant	■	■	■	■	■	■	■	■	■	■		■	■
	中国电子		■	■	■	■	■	■	■	■	■			
	中电九天智能科技有限公司		■	■	■			■						
	格创东智(深圳)科技股份有限公司		■	■	■	■	■	■	■	■				
	研祥智能科技股份有限公司							■	■					
	浪潮云信息技术股份有限公司	■				■	■				■			
电子信息制造业服务商	广东盈古信息科技股份有限公司		■		■	■	■							
	南京国睿信维软件有限公司		■	■	■		■	■						
	深圳微迅信息科技有限公司		■		■			■						
	深圳市益普普科技有限公司					■	■	■						
	广州赛意信息科技股份有限公司		■	■	■	■	■	■						
	南京优倍自动化系统有限公司		■		■			■	■					
	北京亚控科技发展有限公司		■				■	■	■	■				

续表

类型	服务商 \ 应用场景	核心业务优化						生产保障能力提升			社会化资源协作			
		研发设计优化	生产过程优化	工艺优化	质量优化	供应链管理	管理决策优化	设备资产管理	安全生产	节能减排	产业协同	分享制造	按需定制	产融合作
电子信息制造业服务商	安世亚太科技股份有限公司	■												
	用友网络科技股份有限公司					■								
	北京索为系统技术股份有限公司	■												
工业领域平台企业	航天云网科技有限公司							■						
	忽米网络科技有限公司							■			■			
	树根互联技术有限公司					■		■						
	浙江力太工业互联网有限公司							■						
	海尔卡奥斯物联生态科技有限公司							■		■				■
IT领域平台企业	百度智能云开物		■					■						
	腾讯云 WeMake													
	阿里云计算有限公司													

第十章 电子信息制造业：以数字化推动产品精益求精

第十一章
消费品行业：以转型赋能用户交互体验提升

一、我国消费品行业全球竞争力日益突出

我国作为世界上最大的消费品生产国、消费国和出口国，已建立了全球最完善的消费品生产制造体系，产业链各环节的制造能力和水平均位居世界前列。消费品产业是我国重要的民生产业和传统优势产业，涵盖轻工、纺织、食品、医药等多个行业，是保障和满足人民群众消费需求的重要支撑。

一方面，我国消费品产业体系的优势和规模不断扩大，综合竞争力显著提升；**另一方面**，消费品产业具备从原材料生产、研发设计到加工制造、运营、零售等完整的产业链条，充足的原材料和半成品供应为行业发展注入强大活力。以纺织服装行业为例，我国主要纺织产品如化纤、纱线、布料等的产能和产量均位居世界第一，充分展现了我国消费品工业的强大实力。

同时，消费品行业是我国出口商品的重要组成部分。自我国加入WTO以来，代工消费品已成为我国对外出口的重要组成部分。过去十几年间，随着行业出口配额制度逐步取消，我国消费品出口环境更加宽松。凭借劳动力成本和原材料供应的优势，我国消费品行业的国际竞争力进一步提升。

二、我国消费品细分领域和产业集群发展情况

我国正逐渐成为全球最大的消费市场，不同群体和地域的刚性需求及升级换代需求为产业发展提供了广阔的空间。总体而言，我国时尚创意产业已较为成熟，行业技术壁垒较低，市场准入门槛不高，吸引了众多中小企业和民营企业蓬勃发展。然而，这也导致行业集中度较低，市场格局分散，内部竞争尤为激烈。

（一）纺织服装行业产业集群体系成熟

纺织服装行业的产业链较长，上游原材料包括棉花、木材、橡胶等，涉及农业、化工、电子等多个行业；中游为纺织品加工与制造；下游涵盖服装、家居用品等领域。综合来看，纺织服装行业具有以下特点：**首先**，原材料种类丰富，涉及行业广泛，产业链长，参与企业众多。**其次**，行业技术壁垒和进入门槛低，消费个性化突出，产业格局分散，具有明显的区域性特征。**再次**，企业数量多，但大型龙头企业少，多聚焦于生产端和市场端，中小企业集中在加工环节，附加值低，竞争激烈。**最后**，上游原材料价格波动和下游需求变化对行业盈利影响显著，行业呈现较强的周期性。

纺织服装行业的产业集群主要集中在长三角、珠三角和环渤海三大经济圈，以这三大区域为辐射中心。在广东省、浙江省、江苏省、山东省、福建省等服装主产区，围绕专业市场、出口优势及龙头企业，形成了多个以生产某类服装产品为主的产业集群。**珠三角和长三角的纺织服装产业集群配套较为成熟**。改革开放以来，珠三角经济高速增长，劳动力资源迅速增长，劳动力优势成为其核心竞争力，为时尚创意产业及其他劳动密集型产业的集群式发展奠定了坚实基础。长三角则凭借地理优势，在地区经济和跨境电商的推动下，与珠三角共同占据了全国纺织服装行业2/3的产能。**环渤海地区的产业集群分工细化，加工优势明显**。以山东和河北为核心的环渤海区域，凭借对外贸易、产业配套基础、人才吸引等政策扶持，以及交通发达、人力成本相对较低的优势，纺织服装行业得到了较好发展。然而，与浙江、广东和江苏相比，环渤海地区的相关产业主要集中在具有较强生产能力的市县，如山东烟台的毛衫产业、山东即墨的针织产业以及河北高阳的毛巾产业等。

（二）家电行业产业集群效应突出

家电行业细分领域丰富。按产品划分，可分为白色家电和黑色家电。其中，白色家电包括空调、洗衣机、冰箱、热水器等；黑色家电则涵盖音箱、电视机等。近年来，随着家电市场消费升级，家电行业细分品类不断丰富，小家电产品发展迅猛。以吸尘器、洗碗机、扫地机器人为代表的小家电，凭借单价低、免安装、易配送的特点，逐渐成为家电行业的重要组成部分，受到消费者广泛青睐。

家电行业产业集群效应突出。我国家电行业的产业集群主要分布在山东、湖北、安徽、长三角和珠三角等地。其中，山东以青岛为中心，依托海尔、海信等大型企业，形成了涵盖电视、冰箱、空调等白色家电的完整产业链。湖北凭借华星光电、天马、京东方等面板企业，培育了黑色家电产业集群。安徽抓住家电行业的产业链向中部和西部转移的机遇，通过政策引领和配套设施，建立了覆盖黑白家电、大小家电的丰富产品体系和完整产业链。长三角和珠三角地区，以宁波为中心的长三角和以佛山、中山为中心的珠三角，一方面借助美的、格力等龙头企业形成白色家电生产基地，另一方面利用人力和制造业优势，构建了小家电产业生产体系。

三、我国消费品行业数字化转型面临的痛点和问题

一是以加工制造为主，集中度低而附加值不高。目前我国相关产业发展水平仍相对滞后，主要参与国际竞争的环节集中在技术含量较低、劳动密集的制造领域，如纺纱、织造、产品加工等。在出口导向政策的推动下，这些产业环节规模迅速扩张，产能已出现严重过剩。相比之下，新材料研发、面料设计与营销、产品设计与营销等技术密集、知识密集的环节，在国际竞争中的深度和广度与制造环节差距较大，发展水平亟待提升。

二是产业链上下游协同效率不高。面对快消费、快时尚的新趋势，时尚创意产业链在优势资源整合与协同能力方面存在不足。许多企业内部供应链呈现碎片化，业务间信息不通、过程不透明，且企业外部的供应商、生产商、经销商、物流商等主体的信息系统无法打通，难以实现数据共享，导致配合协调度和运行效率低下。因此，在需求预测、订货决策、价格波动、短缺博弈等供应链活动中，企业常面临需求放大效应（"牛鞭效应"），使计划需求在沿供应链从下游向上游传递时逐渐放大，给上下游企业的采购、生产、库存和营销决策带来不确定性。

三是产品创新能力不足,品牌竞争力薄弱。对于当下年轻化的时尚消费者来说,时尚产品已从社会身份的象征转变为展现个性风格和获得心理满足的重要载体,因此产品的创新性和独特性至关重要。然而,我国品牌在产品创新方面仍显不足,存在产品档次较低、同质化严重的问题;同时,原创设计水平和风格有待提升,模仿和抄袭现象依然存在。

四是企业对数字化转型的认识不足。在推进数字化转型过程中,企业普遍面临诸多共性问题,供应链数字化转型也不例外。这些问题包括:对企业数字化转型的认识不足,推进路径不清晰,战略重点不明确,缺乏相关人才和有效的解决方案服务,转型成效有限,以及数据交换标准不统一等。**一方面,多数企业的数字化基础薄弱**。我国传统企业的数字化基础普遍薄弱,尤其是消费品行业中的企业,其数字化转型大多仍处于起步阶段。目前,部分企业仅部署了 OA、ERP 等基础信息系统,仅有少数企业正从局部应用向多业务集成迈进。**另一方面,全链条和多主体协同转型的难度更大**。对于消费品行业中的企业来说,内部数字化转型从采销环节入手相对容易,但要实现研发、生产、仓储、物流等全链条业务的数字化转型却面临诸多困难。而要推动上下游合作伙伴之间的数据共享和多主体协同,更是阻力重重、挑战复杂,进展相对缓慢。据凯捷的调查,目前仅有 14%的企业能够将至少一个供应链数字化计划扩展到多环节或进行全面部署,而 86%的企业仍处于 POC(概念验证)或试点阶段。

五是生产设备和解决方案难以满足特定需求。消费品行业的生产工序复杂,通常属于劳动密集型行业。以服装生产为例,许多服装,尤其是女装的生产环节,如布匹检测、裁剪、缝纫、整烫等,仍以人工操作为主,导致生产效率较低。因此,企业对自动化和特定解决方案的需求较为迫切。然而,这种需求通常集中在特定的生产设备上,而非整个生产线的自动化。此外,这些需求往往具有高度的细分性和个性化。例如,根据国家工信安全中心的调研,某服装企业迫切需要布匹、皮革等表面缺陷自动检测设备;

某牛仔裤企业则希望能够拥有自动包裹牛仔裤扣子的设备,以避免在旺季时,全员紧张包扣子的情形。与此同时,企业普遍反映,由于信息渠道不畅,难以准确找到合适的自动化设备供应商。一方面,企业对市场上是否存在能够满足需求的自动化设备了解不足;另一方面,企业难以找到合适的解决方案服务商,且不清楚服务商的资质、产品和服务是否可靠;此外,设备和解决方案的成本较高,资金压力较大,若非迫切需要,企业往往选择不进行改造。

四、我国消费品行业转型需求强烈

(一)时尚创意产业数字化转型实践

国家工信安全中心发布的两化融合数据地图显示,截至 2023 年 9 月,消费品行业的数字化研发设计工具普及率、生产设备数字化率以及关键工序数控化率分别为 69.5%、51.2%和 52.1%,均低于全国平均水平,表明消费品行业的数字化基础和新技术应用能力相对较弱,各关键环节数字化转型基础和能力仍需进一步提升。

但从细分场景来看,消费品产业积极关注产业链、供应链的协同化管理,致力于实现产业链资源优化整合,快速满足用户的产品服务需求。截至 2023 年 12 月,以纺织行业为例,具备智能制造基础条件的企业所占比例(智能制造就绪率)已达到 16.2%,超过全国 14.4%的平均水平。

从数字化转型的落地实践来看,消费品行业作为连接生产端与消费终端的关键领域,数字化技术的应用不仅显著提升了企业的生产经营效率,还为全产业链的相互促进和生态联动提供了有力支撑。根据国家工信安全中心的数据，消费品企业应用最多的三项技术为5G、大数据和人工智能。**从生产端来看**，消费品行业对人工依赖程度较高，企业对智能化生产和精益管理的需求日益增强。通信技术的应用提升了企业的数据联通性和可操作性。同时，借助大数据和人工智能进行分析建模，有助于优化制造和工艺流程，实现路径规划、参数控制以及生产管控。**从消费端来看**，个性化定制新模式对企业的数据收集、储存、分析和传输能力提出了更高要求。5G、大数据、人工智能等技术的持续发展和应用，推动了消费品行业的个性化定制模式逐步深化。

另一方面，消费品行业的数字化转型涉及的场景广泛，应用成效显著。**在核心业务优化方面**，企业以生产制造环节为基础，向订单、排产、备料等环节延伸，输出智慧制造能力。**在生产能力保障方面**，企业通过采集、分析人员行为和设备状态数据，并进行实时监控，提高了设备运维效率，实现了安全生产和用能管控。**在社会化资源协作方面**，企业积极利用互联网和新一代信息技术，更好地了解消费者需求，并在个性化定制、服务化延伸和网络化协同等方面展开创新性探索，逐步形成了用户深度参与、价值共创的新模式。

（二）部分细分行业数字化转型成效初显

纺织服装行业的数字化转型具备一定的基础，在时尚创意产业的细分领域中处于相对领先的地位。

1. 纺织服装行业：数字供应链满足多品种、快消费需求

消费品通常具有价格相对较低、消费频率高的特点，同时技术壁垒较低，消费者需求呈现多样化和差异化。这使企业面临巨大的库存管理压力。

在此背景下，领先企业凭借强大的供应链体系和较高的技术研发能力，在快时尚、羽绒服饰等领域迅速脱颖而出，具体案例见表11-1~表11-2。

表11-1 SHEIN案例：快时尚跨境电商，柔性生产优势明显

> **生产制造方面：**
> 1. 生产管理数字化：所有代工厂和供应商均可使用MES（制造执行系统）工艺管理系统，实现对每个订单各环节的实时跟踪与可视化，有效提升生产效率。
> 2. 供应链系统优化：研发高效柔性的供应链系统，为各部门提供强大的数据支持与管理服务。
> 3. 生产计划动态调整：基于终端销售和电商平台的大数据反馈，及时调整生产计划，确保库存单元（SKU）上新的速度。
>
> **仓储物流方面：**
> 1. 优化库存管理：持续完善库存管理的数据功能模块，通过大数据反馈降低库存清理压力，同时推动物流系统线上数据化。
> 2. 条码管理赋能：引入库存条码管理，覆盖库存、库存状态及外部商品库存等功能，实现库存管理可视化和动态化，实时分析库存状况，减少人工管理。
> 3. 精准补货策略：针对爆款服装，依据大数据平台反馈，以百件为单位进行定量补货，有效减轻存货清理压力。
>
> **产品与设计方面：**
> 通过数字化工具全面抓取网络数据，分析流行颜色、价格变化、图案风格等趋势，并结合社交网站热搜词及上升趋势与用户购买数据，快速且精准地响应用户时尚偏好。
>
> **数字化营销方面：**
> 在Facebook、Twitter、Instagram、YouTube等主流社交平台建立账号并创建主页，全方位覆盖海外社交媒体红利期，通过媒体营销扩大品牌影响力。
>
> **应用成效：**
> 公司成立8年来，每年营收增速均超100%，业务覆盖全球220多个国家和地区，现已成为国内最大的快时尚跨境电商公司

表11-2 波司登案例：羽绒服龙头企业，凭借供应链建立竞争壁垒

> **生产制造方面**：推动"机器代人"和"智能工厂"建设，引进自动化模板机和新一代充绒机等先进设备，实现自动排版、铺布、裁剪、充绒、半自动缝纫和自动吊挂，提升小批量快速响应和个性化定制能力。
>
> **仓储物流方面**：一方面，采用分布式部署，在全国设立九大库区，实现全国门店的直接配送；另一方面，借助四大智能功能区，完成自动化检测收货、精准库存管理、高精度零拣选及AGV智能机器人搬运发货。
>
> **终端销售方面**：一是通过可视化运营管理，搭建零售云平台，实现实时监控门店库存和销售数据；二是利用直播形式，使产品呈现多元化，直接触达消费者，提高购买转化率；三是基于丰富的顾客资产，建立顾客标签，通过高质量的数字化内容触达消费者。
>
> **应用成效**：在2020年双十一"预售首小时TOP品牌榜"中，波司登分别登顶女装和男装品类榜首，最终实现全渠道销售额突破15亿元

2. 家电行业：数据挖掘实现用户导向的柔性生产

近年来，家电产品的高端化、服务化和智能化需求不断增长，但传统线下零售和集中销售模式难以精准把握市场需求，导致产品同质化严重，传统研发和生产方式也难以满足快速迭代的消费需求。为此，家电企业基于工业互联网平台，整合消费端、生产端和供应链资源，形成设计研发、生产制造、物流配送、售后服务等各环节的数据闭环，开展大规模个性化定制生产，有效缩短交付周期，切实满足用户需求。同时，通过数据挖掘和用户交互，进一步深化个性化定制能力。具体案例见表 11-3。

表 11-3 海尔 COSMOPlat 贝享空调平台案例

服 务 商	应 用 企 业
海尔 COSMOPlat 平台	海尔集团
解决方案做法	**存在的问题**
1. 家电社群平台运维人员对用户社交数据进行归类分析，并与用户深度互动，累计实现超过 21.5 万条孕婴妈妈创意交互。 2. 在线设计师根据创意交互进行方案设计，35 位设计师参与用户交互设计，6 家模块商提供技术支持。 3. 经过用户、在线设计师和模块商四次体验迭代，成功打造满足社群用户痛点和需求的贝享模拟空调。产品下线后直接通过物流送达用户家中，实现产品不入库模式	企业面临库存压力较大、产品同质化严重、创新不足，以及过度营销等问题
	应用成效
	模拟空调在社群中发起了预售活动，短短几天内，预约用户数量达到了 2000 台

应用篇——企业

第十二章
企业数字化转型典型解决方案应用实践

一、面向钢铁企业集群式一体化智慧运营的工业大脑解决方案

> **服务商简介：**
>
> 江苏金恒信息科技股份有限公司是南京钢铁集团有限公司（简称南钢）的控股子公司，专注于钢铁行业十余年。在国家大力推动"智改数转网联"的数智化浪潮下，公司围绕"产业智慧化、智慧产业化"的战略目标，打造"工业互联网+数据治理"双轮驱动的领先架构，并提出了"1+1+N"钢铁行业解决方案。该方案包括：一个集操控、管理和运营一体化的智慧运营中心，一个基于工业互联网平台的工业大脑，以及围绕工业互联网平台的"N"项智能模型和智慧应用。

本方案聚焦工业场景中的数据链路和数据引擎开发、工业要素建模等关键问题，通过打通数据链路，沉淀工艺、机理、方法、模型和应用，构建完整的工业知识体系。该体系能够满足生产要素链接、数字孪生建模以及基于数据资产快速构建工业应用等需求。面向钢铁产业链，方案提供集

群式一体化智慧运营的工业大脑解决方案,推动新一代信息通信技术与工业工艺流程、操作技术、运营管控、产品服务的深度融合,助力企业实现高效运营和动能转变。

(一)背景需求

钢铁企业在生产、运营和产业链方面长期面临诸多挑战,如运营成本高、生产效率低、产品不良率高、能源利用率低以及产业链协同不足等。为解决这些问题,本方案通过建设工业互联网平台,打造集制造、运营和生态于一体的企业工业大脑,为钢铁企业提供数字化转型服务。平台能够采集、汇聚和融合多源异构的信息技术(IT)和操作技术(OT)数据,打通钢铁产业数据链,沉淀工艺、机理、方法、模型与应用,建立智慧、高效、协同的生产运营一体化管控体系。通过这一举措,推动传统生产制造向集约化、一体化模式转变,助力钢铁企业提升全面感知、实时分析、智能决策、精益制造、精准服务和生态协同能力。

(二)方案优势

1. 创新优势

1)自主创新情况

关键技术产品研发创新情况如下:

(1)开发了具备高并发响应能力的时序数据库 JHengine,支持数据的高效采集、写入和读取。

(2)提出了基于 IT+OT 的海量数据流转融合架构。

(3)搭建了与工业领域高度匹配的灵活性微服务架构和低代码开发平台。

(4)开发了具备多模态数据分析和学习能力的AI平台。

2)产品竞争力

对标国内领先企业、国际领先企业的相关技术方案，本方案的主要竞争力在于：

(1)构建了"工业互联网+数据治理"双轮驱动架构，采用"1+3+N"模式建立数字资产中心，实现数据资产的高效管理与数据价值的智能挖掘。

(2)基于"组件式开发+敏捷迭代"理念，采用适配工业领域的低代码开发平台和全生命周期研发管理软件，打通数据价值转化为企业价值的"最后一公里"。

2. 产品化优势

1)行业适用性

本项目聚焦企业存量系统中的数据孤岛、业务孤岛和价值链孤岛问题，以及管控对象变革带来的技术挑战，开发了企业级一体化智慧运营系统。该系统主要服务于钢铁产业链，同时具备向石化、有色等其他流程型制造行业推广的潜力。

2)技术经济性

本项目已在南钢集团完成应用验证，总投资额为1.5亿元。经测算，通过实施节能减排、提质增效等措施，预计每年可产生5000万元经济效益，并在3年内收回成本。

（三）主要做法

项目通过"1+2+3+N"系统规划和顶层设计，打造面向钢铁产业链的工业大脑。

"1"即一个工业大脑。

——围绕钢铁产业链,融合 OT 作技、IT 和 DT,构筑高效运营管控模式的工业大脑核心平台。该平台承载数据、模型与应用,通过知识图谱等 AI 技术打造工业知识库,为产业链上下游提供具备感知、分析、决策和服务能力的工业互联网解决方案。

"2"是工业互联网平台与数据治理双轮驱动。

——基于自研全栈式工业互联网平台,承载知识图谱、模型集成及联合分析等钢铁行业 AI 应用,打造通用 AI 智能应用平台,实现多变量、跨工序的全局寻优。

——整合工业现场设备状态、能源监测等数据与经营数据(如交易订单、合同付款等),建立以湖仓一体平台为底座的数据资产平台。该平台涵盖数据采集、集成、计算、存储、开发和服务全过程管理,提供从工业现场到智慧运营的全链路数据服务支撑。数据资产中心作为数据汇聚和存储中心,利用覆盖数据广度和精度的工业大数据平台,以数据驱动保障数据资产高质量持续运营。

"3"是数字孪生平台、AI 平台、应用开发平台。

——基于工业场景,从多个维度对工业场景中的要素进行全数字化建模,结合渲染、仿真、大数据与人工智能、云计算与边缘计算等技术,实现与物理实体的动态感知和实时交互。

——基于多模态感知系统建立数据分析-数据预测-决策寻优的应用体系,以工业大数据+AI 赋能,搭建平台级人工智能,全面探索工业典型需求,覆盖 AI 应用全场景,实现从感知、认知到决策的工业全流程智能化分析,助力运营决策。

——应用开发平台包含低代码开发平台、微服务平台等,提供工业 App 快速开发迭代与应用部署,将工业大脑的海量数据和各类模型的价值快速呈现给各层级生产运营管理及客户,实现企业数字化转型价值的快速变现。

"N"是工业互联网服务。

——基于工业大脑构建一体化运营体系,实现数据驱动的企业生产、运营、生态集中管控,形成智慧生产、智慧质量、智慧能源、智慧园区、智慧研发等核心应用,全面解决企业数字化转型与智能化升级中的痛点,重塑制造业的运营管控模式。

(四)应用情况

本方案自设计之初便以问题为导向,依托工业互联网与数字治理双轮驱动,借助精准感知、工艺模型、智能算法及智能应用等手段,突破多项核心技术。其在南钢的成功实施,为国内众多钢铁企业提供了整体智能化升级的思路。目前,已有9家单位成功应用,12家单位正在进行项目可研,充分验证了方案的推广效果以及技术的通用性和实用性。经测算,该方案助力钢铁企业实现燃料比下降至503.1千克/吨,钢材合格率提升0.43%,产业链总周期缩短15%,产业链总成本降低9.2%。南钢智慧运营中心应用案例见表12-1。

表 12-1 南钢智慧运营中心应用案例

应用企业名称:南钢智慧运营中心	
主营业务	钢铁企业制造、运营、生态的一体化管控
应用场景	集成45套支撑系统、726个报警规则、82个模型、100多万个数据点,并融合6条配套的数字工厂示范线,覆盖生产、运营、生态三大环节。通过对6大生产集群(原料、炼铁、铁调、炼钢、轧钢、成品)和15大模块(生产、运维、物流、能源、质量、环保、安全、安防、采购、营销、成本、研发、计量、铁运、党建)的多模式(工作模式、应急模式、访客模式)管控,实现全方位智能化管理
应用效果	通过打造工业大脑,实现企业层面的全局寻优,促进多工序跨域协同、多业务优化协同、区域内横向协同、工序间协同、多集群全局协同、全流程业务协同、多目标决策协同、产业链价值协同。助力南京钢铁企业生产稳定性提升10%,产量提升2%,工序能耗降低3%,质量成本降低10%

（五）市场空间

目前，国内产能 300 万吨以上的钢铁企业有 100 多家，前期调研显示，这些企业普遍有规划建设工业大脑（一体化运营管控系统）的需求。这些企业拥有数千条产线，从产线级到工厂级再到企业级，仅钢铁行业就有百亿级的市场需求。除了钢铁行业，石化、有色等流程型制造业，以及上下游的矿山、机械制造等其他制造业，市场规模呈倍增趋势。因此，通过快速推广并占领市场，成为行业头部或领先企业，预计将获得至少数十亿级的市场容量与份额。

二、矿山人机协同智慧大脑管控平台解决方案

矿山人机协同智慧大脑管控平台是为煤炭行业量身打造的数字化转型解决方案。该平台利用大数据等新一代信息技术，提供涵盖采、掘、机、运、通全流程、全要素的人机协同综合管理服务。它为矿井内各子系统厂家、煤炭从业人员、系统开发人员提供从数据连接、系统开发到场景构建的全方位服务，打造煤炭行业全链条生态圈。同时，该方案对行业整体提升科技实力、树立品牌形象、提高经营质量、加速数字化转型等方面产生了重大影响。

（一）背景需求

我国煤炭行业面临资源短缺、环境污染、生态破坏等诸多挑战，煤矿企业也遭遇产能降低、人员流失、利润减少等困境，亟须通过技术创新实

现降本增效和安全生产。为推动能源可持续发展，国家提出能源转型战略，并出台一系列政策加快煤矿智能化建设进程。本方案正是基于上述政策背景和行业需求设计的，旨在解决煤炭企业的长期痛点，助力企业实现降本增效和安全生产。

（二）方案优势

1. 创新优势

（1）自主创新情况

本方案的创新成果体现在多个关键技术领域，包括平台化技术、时序数据存储技术、Redis 与 MQTT 结合的数据技术、边缘计算技术、高并发低时延数据处理技术、数据分级分类存储技术以及数据治理技术等。这些技术的融合与创新，不仅提升了系统性能和效率，还为未来的产业应用奠定了坚实基础。

在国产化方面，方案已逐步推进相关应用。例如，在部署时采用国产麒麟操作系统替代 CentOS，既有效降低了使用成本，又增强了用户对国产操作系统的认可度；部分系统还采用国产数据库替代 MySQL，为推动自有技术的发展做出了贡献。

（2）产品竞争力

尽管我国在人工智能、大数据、云计算等新兴技术领域已取得显著进展，但在矿山智能管控平台的研究与应用方面仍处于起步阶段，与国际先进水平相比，仍存在一定差距。本方案依托工业互联网平台，结合矿山生产运营的实际业务需求，自主研发了 AI 算法、数据分析等关键技术，并率先实现了项目的实践落地。

例如，基于自主研发的调度人员排班算法，成功解决了矿山场景下人员多、诉求类型多、排班不固定等问题。原本需要 3 到 5 个工作日才能完成的排班工作，现在可在 3~5 分钟内自动完成，无须人工干预，并支持手动调整。这一创新大幅提高了工作效率，同时保留了灵活性。该产品在国内处于领先水平，推动了我国智能矿山管控平台的国产化替代进程。

2. 产品化优势

（1）行业适用性

本方案融合大数据处理、工业数据分析、业务大数据分析、工业微服务等创新功能，建设了工业数据采集系统、矿业大数据管理系统、工业监控组态系统、工业知识管理系统等，全面支持煤矿生产协同、安全协同及决策支撑。方案涉及工业时序数据和业务数据的采集、交换、集成、处理、建模与分析，并提供工业技术知识和经验的模型化及软件化工具，有效解决了煤炭行业在数据采集、数据标准化、数据应用等方面的难题。

此方案支撑煤矿智能化业务系统建设，推动煤炭企业实现全体系、全链条、全流程、全要素的数字化转型。当前，团队的工业互联网平台、智能化综合管控平台、全域数据联网产品等核心产品已在陕西、新疆等煤矿项目落地，并计划进一步拓展至金属及非金属矿山，助力全能源矿山的广泛应用。

（2）技术经济性

目前，本方案提供两种商业模式：项目合作制和周期服务制。项目合作制针对大型矿井定制完整解决方案，部署周期可长达 1 年，费用为 500 万元~1000 万元；周期服务制则按周期计费，部署周期最短可在 30 天内完成，费用为 5 万元~500 万元。

在经济效益方面，本产品投产后预计年销售收入可达 1 亿元，年利润约为 2000 万元,纳税约为 300 万元。项目投资回报率高达 30%,回报周期则根据具体项目规模和实施进度进行划分。

（三）主要做法

1. 顶层设计方案与技术架构

整体架构采用分层设计,分为感知层、边缘层、IaaS 层（基础服务层）、矿山工业互联网平台（PaaS 层）、决策与控制应用（SaaS 层）。总体应用架构如图 12-1 所示。

（1）总体应用架构

（2）技术架构

本方案采用时下最先进技术,从数据汇聚到业务管理,再到决策支撑。具体技术架构如图 12-2 所示。

（3）业务逻辑

本方案对内连接煤矿内部智能化子系统和矿业公司、集团级管理系统,向外连接政府智能监管系统,通过数据驱动应用,赋能整个管控过程。业务逻辑如图 12-3 所示。

2. 主要功能模块

（1）基础平台服务系统：本系统采用微服务架构进行设计和开发,确保各业务模块在统一规范的框架内部署、运行和管理。系统包含统一的服务注册、发现与管理、统一配置中心、统一服务网关和访问控制等功能。

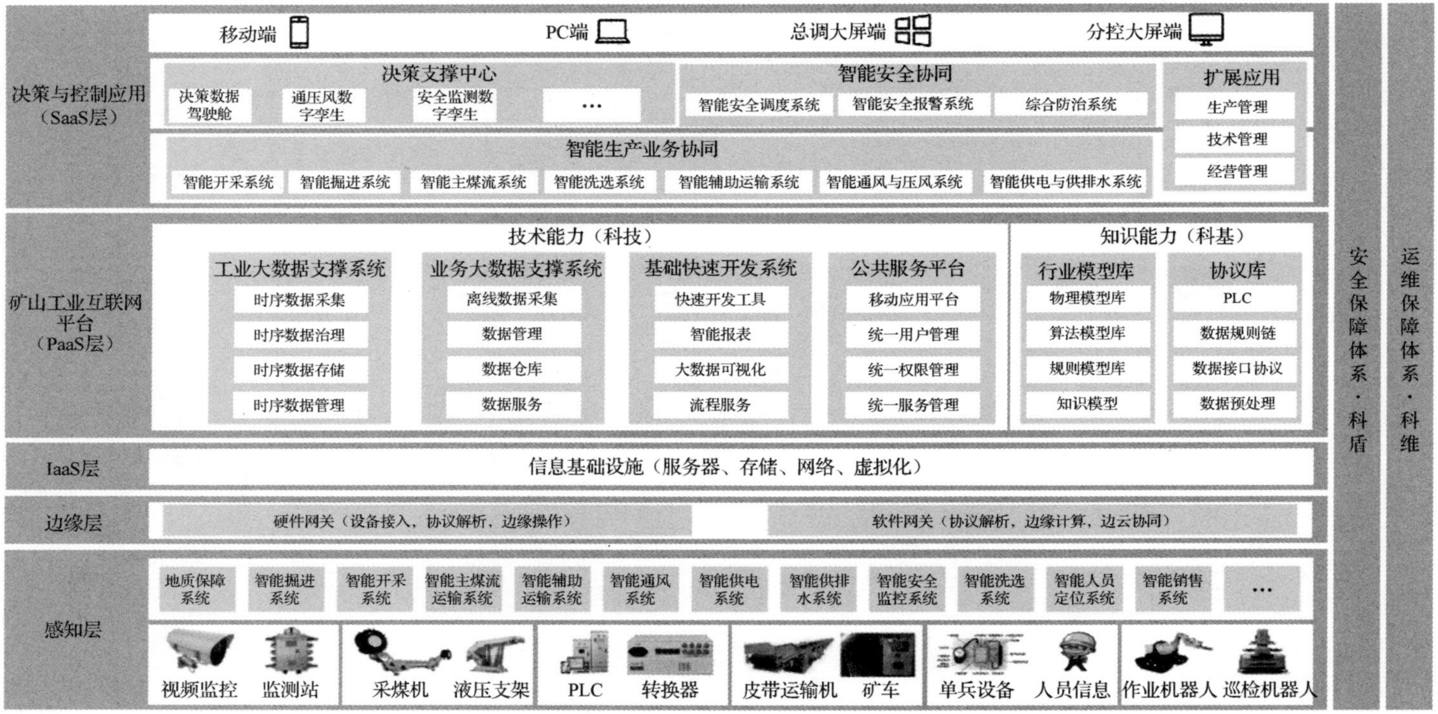

图 12-1 总体应用架构

第十二章 企业数字化转型典型解决方案应用实践

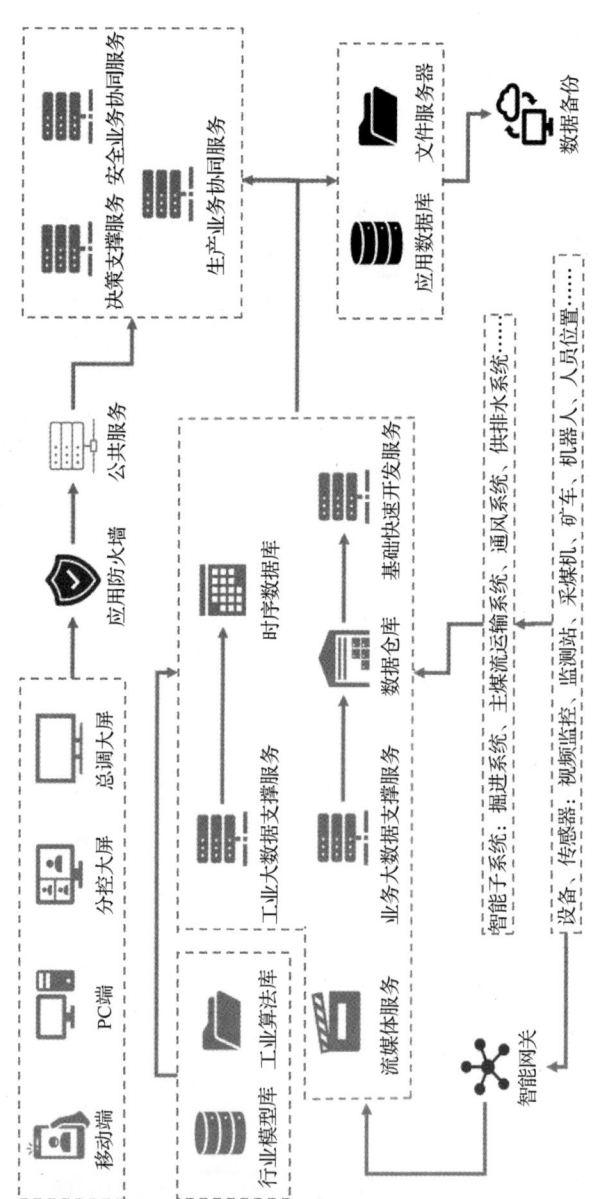

图 12-2 技术架构

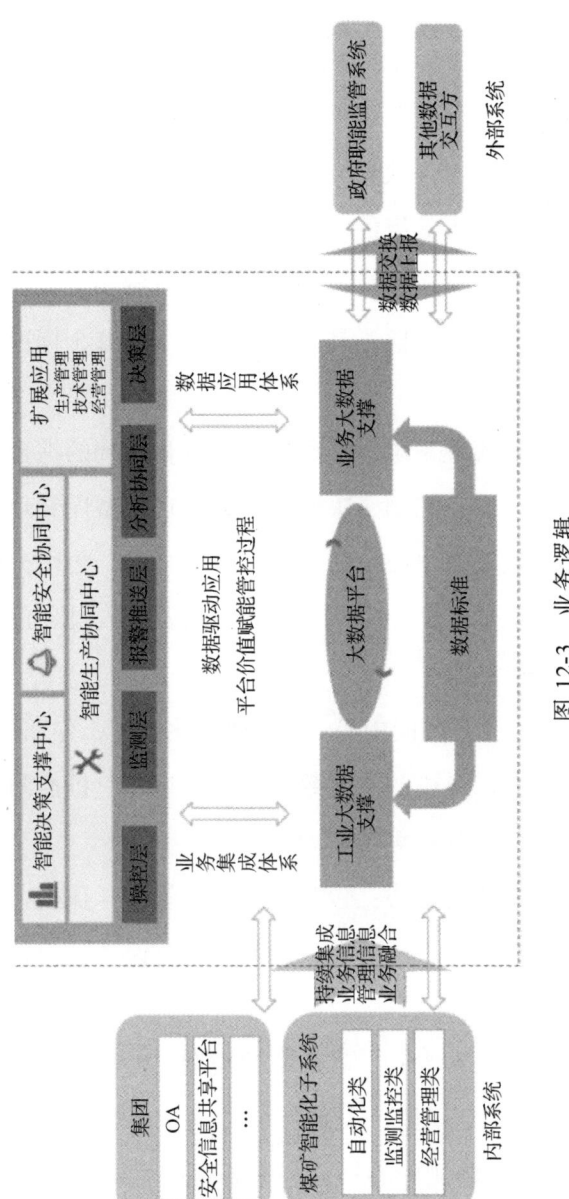

图 12-3 业务逻辑

（2）工业数据采集系统：该系统汇集矿井中的安全、生产、设备预警/报警数据，并将数据实时汇聚入库。通过大屏展示，用户可以实时了解矿井的整体状态，实现统一指挥和资源调度。

（3）矿业大数据管理系统：系统包括数据集成平台、数据治理平台、大数据计算与数据仓库、数据开发平台、数据共享交换平台、数据资源目录和数据共享开放平台等组件。

（4）工业监控组态系统：该系统提供物联网和工业设备接入管理、设备管理以及二三维组态建模工具，打造基于HTML5标准的企业用图形界面一站式解决方案。

（5）工业知识管理系统：实现矿井信息化系统的综合集成与可视化展示，构建识别、预测、控制、决策模型，实现模型库管理。

（6）智能决策支持中心：借助人工智能技术，集中分析处理主要管理指标或业务主题（如安全、生产、设备、运营、人员、危险源等），以图形和报表形式展示结果。

（7）智能生产业务协同中心：实现智能化综采工作面的胶带机、泵站、三机、液压支架及采煤机的工况数据监测、远程单机控制、顺槽控制中心及地面分控中心一键启停等功能。

（8）智能安全协同中心：包含瓦斯灾害管控、顶板灾害管控、水害防治管控、火灾防治管控、井下人员监测、地质保障管控、灾害防控融合协同等功能。

（9）管控平台报警中心：对煤矿的安全、生产、设备等进行监测、预警、报警及处置过程管理。

（10）管控平台监测中心：通过设备可配置链接，实现设备建模、参数数据采集、运行状态监测、分析和配置等功能。

（11）管控平台生产经营管理中心：涵盖智能化园区、生产管理、技术管理、产量监测、运销管理、财务管理、成本管理、合同管理、科研管理、物资供应管理、办公自动化管理等。

（12）**管控平台 App**：提供即时消息、数据查看、审批待办、业务办理等移动办公功能，满足决策层、管理层、业务层的煤矿移动办公需求。

（四）应用情况

本方案已在陕西（榆林、延安）、新疆等地成功落地，覆盖10余家企业，取得显著成效：每班次高危岗位人数减少2人，单吨煤生产成本下降5～10元，线路费用正常劣化降低30%，意外停机时间减少3～5天，灾害报警效率提高80%，综合利用率提升30%，全员综合工效提升10%，直接经济效益接近亿元。应用案例见表12-2～表12-3。

表12-2　陕煤集团应用案例1

应用企业名称：	陕煤集团韩家湾煤炭有限公司
主营业务	煤炭开采
应用场景	运用大数据、人工智能等技术，建设矿山智能管控平台及其运维保障体系，构建矿山工业智慧大脑，实现生产系统的无人值守和远程控制，形成完整配套的智能化生产与管理体系，达成智能化矿井（中级）的验收目标
应用效果	智能管控平台通过高效数据管理，解决矿井管理、控制和验收三大核心问题。平台提供云组态开发、云原生应用、设备数字模型和工业App等工具，助力矿井实现智能化管理。其效能全面提升：综合运行率提高约20%，设备运行效率提升约20%，全员综合工效提高约15%

表12-3　陕煤集团应用案例2

应用企业名称：	陕煤集团张家峁矿业有限公司
主营业务	煤炭开采
应用场景	以打造世界智能煤矿建设一流标杆为目标，按照"顶层设计、基础先行、重点突破、全面接入"的整体规划，遵循"打通信息壁垒、铲除信息烟囱、消除信息孤岛、避免重复建设"的原则，搭建工业互联网平台和智能综管系统，全面推进数字化转型

续表

应用效果	搭建了涵盖13大系统的智能化煤矿，包含50个智能化子系统，实现安全生产和经营管理系统智能化作业占比超80%。矿井累计减少人员345人。这一成果为全国煤矿智能化建设提供了可借鉴、可复制的成功经验，并形成了煤矿智能化建设的安全验收标准

（五）市场空间

根据国务院《关于加快煤矿智能化发展的指导意见》，到2035年，全国各类煤矿将基本实现智能化建设。我国现存煤矿总数约为4500个，其中尚有3900余个亟待改造。根据山西省能源局发布的《山西省煤矿智能化建设指导手册（2021年版）》，1个采区（1x采煤面+2x掘进面）的智能化建设投入，低配、中配、高配智能煤矿分别为0.61亿～0.83亿元、1.15亿～1.61亿元及2.12亿～2.92亿元。若扩展至2个采区，智能化建设投入将分别提高至0.92亿～1.29亿元、1.72亿～2.36亿元及3.21亿～4.38亿元。

假设到2025年，1000座大型煤矿的单采区智能化建设率先完成，且大型煤矿内部产能结构保持不变，则"十四五"期间的煤矿智能化建设投入为913亿～1255亿元。若未来剩余3000座煤矿均改建为低配智能煤矿，将额外带来1830亿～2490亿元建设投入，最终煤矿智能化市场规模将达到2743亿～3745亿元。如果按照每个矿项目总包约5000万元计算，煤矿智能化改造的整体市场空间将达到2250亿元左右；其中智能管控平台部分按照每个矿500万元投入计算，软件部分市场空间约为225亿元，市场空间巨大。

三、面向离散型制造业精益智造的数智化解决方案

> **服务商简介：**
>
> 浙江中之杰智能系统有限公司是一家以数智化工厂解决方案及工业互联网平台为核心的国家高新技术企业。凭借深耕制造业 17 年的行业经验，公司自主研发了云制造平台（一云通）、德沃克智造（D-Work）、工业互联网平台（Tn）等数智化平台行业解决方案，致力于推动离散型制造业的数智化转型。公司已为超过 10000 家制造业企业提供信息化和数智化转型服务，树立了良好的口碑及品牌影响力。公司的使命是"让离散制造不再离散"。

中之杰智能自主研发了面向离散型制造业的精益数智化解决方案——德沃克智造，主要服务于汽车及零部件、机器人及零部件、高端装备及新能源等离散型制造企业。该方案以自主研发的国家级工业互联网平台 Tn 为底座，采用微服务架构和业务规则引擎，能够像搭乐高积木一样灵活实现定制化需求。

（一）背景需求

目前，我国高端工业软件市场 80% 仍被国外厂商垄断，价格昂贵，中小企业难以承受。随着离散型制造业生产方式向多品种、小批量、定制化、多变更转变，企业亟须新的数智化解决方案来优化资源配置。为此，中之杰智能自主研发了面向离散型制造业的精益数智化解决方案——德沃克智

造（D-Work），解决行业痛点，助力企业数智化改造升级，实现节本降耗、提质增效。

（二）方案优势

1. 创新优势

（1）自主创新情况

本方案深度洞察离散型制造业的生产需求场景和数据特点，采用"一转、双改、双模"的创新技术和算法，结合"双模驱动"与"精益思想"等先进理念，打破传统生产模式的限制。通过多端协同、软硬协同的管控方式，生产管理者可实时掌控车间动态。同时，运用自研算法和规则引擎，聚焦生产现场、现物、现实，实现数据随物自动流动，形成事中动态敏捷控制，将规则引擎贯穿工厂的"手、腿、脑"，实现全局柔性智能工厂。

目前，该方案已荣获4项专利、30余项软著，参与3项标准制定，发表20余项成果（包括白皮书、蓝皮书、精选集等），并获得工业和信息化部工业互联网App优秀解决方案、工业和信息化部首届智能制造创新大赛三等奖、2021年度工业互联网先锋榜TOP100等多项荣誉。

（2）产品竞争力

与传统MES方案相比，德沃克智造以"物"为核心，创新性地提出"去单据化"思路，通过智能周转箱与虚拟工位的"双模改造"，实现对象驱动。它直接连接物料和设备，避免人为干扰，实时跟踪生产现场状态，实现物、单合一。更重要的是，德沃克智造融合精益理念与方法论，聚焦生产过程（现场、现物、现实），利用物料流转（托盘或周转箱）与加工（工位），实现制造数据的聚合、周转与协同，形成感知、决策及执行的高效闭环。这不仅破解了离散制造的不确定性和复杂性问题，还实现了精益数智化生产方式，为离散型制造业塑造了新的核心竞争力。

2．产品化优势

（1）行业适用性

本方案专注于解决离散型制造业企业面临的多品种、小批量、定制化、多变更等生产问题，已在汽车及零部件、机器人及零部件等行业成功推广并实现复用。随着方案的持续迭代升级，德沃克智造还将拓展至高端装备、新能源等其他离散制造领域，进一步扩大其应用范围。

（2）技术经济性

本方案采用"80+15+5"模式，能够实现高度标准化的敏捷快速交付，并确保项目实施的成功率。同时，通过融合深厚行业经验（Know-How）和生产协同规则的精益数智化技术，切入 SaaS 标品市场，具备快速部署的能力。凭借相对同行较低的价格优势和积累的客户资源，能够迅速渗透至各离散型制造业企业，形成强大的品牌辐射效应。

（三）主要做法

德沃克智造以精益管理为核心，秉承价值驱动和"工业互联网+工业大脑"模式，通过新一代信息技术与先进制造技术的深度融合，贯穿研发、设计、财务、采购、销售、库存、生产等各业务环节。通过打通企业内外部全产业链的协同，整合资金流、信息流、业务流和物流，实现四流合一，将"感知、决策、执行"有机结合，为离散型制造业的数智化转型提供最优路线。

本方案采用先进的技术架构，系统分为三个层次：执行层、转换层和业务层，如图 12-4 所示。系统基于微服务、松耦合架构设计，支持接口化、插件化的管理平台，能够实现 ERP、WMS、PLM 等系统的深度一体化应用。企业可根据车间现场的实际情况进行功能扩展，并通过软硬结合的应用，快速满足企业个性化定制需求。

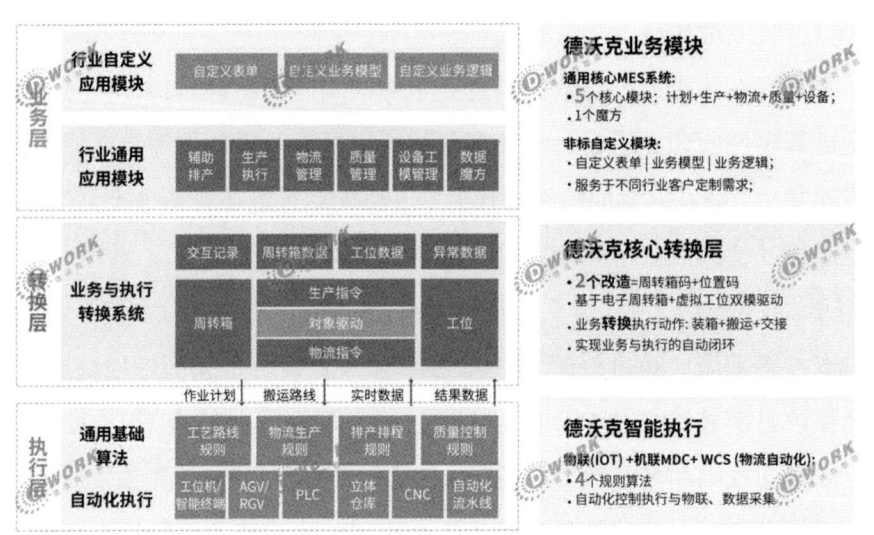

图 12-4　技术架构

方案可覆盖企业的计划执行、物流执行、生产执行、质量执行等内容，具体包括的功能模块有（1）辅助排产：资源配置、生产总需求、生产总计划、智能调度、生产订单、智能派工、作业指令、分析报表等；（2）生产执行：生产要素管理、生产准备、报工管理、折合批管理、生产追溯、在制品管理、工艺文件与版本管理、E-SOP 管理、生产事务类型、事务呼叫管理等；（3）质量管理：检验方案、来料检、首末检、巡检、完工检、出货检、产品 SPC 管理、量检具校验、不合格品处理、不良品通知单等；（4）设备工模管理：设备台账履历、设备点检方案、设备点检计划、设备点检巡检、设备保养维护、设备维修、设备备品备件等。

如图 12-5 所示，在工业要素连接方面，本方案以"物"为核心，借助智能周转箱和虚拟工位等载体,开展物料的数智化"履历"管理,聚焦车间现场、现物、现实,实现生产全过程的数智化和可视化管控。同时,凭借强大的数据采集、处理和分析能力,为企业管理者提供决策优化与经营分析支持,提升管理效率。德沃克智造的接口可视化配置可实现高档数控机床、工业机器人、智能传感与控制装备、智能检测与装配装备、智能物流与仓储装备、智能加工单元等关键技术装备的集成应用,确保与南向(控制层)和北向(业务层)的全局一体化协同管理。

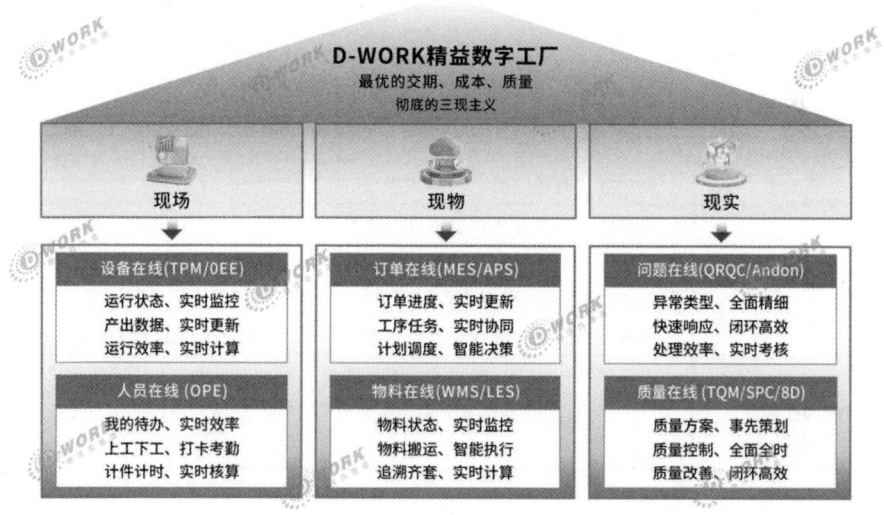

图 12-5　德沃克制造精益数字工厂图

(四)应用情况

德沃克智造自推出以来,已经为中大力德、宁波博曼特、合肥达因、陕西万方等 200 多家汽车及零部件、机器人及零部件、高端装备及新能源等离散型制造业的头部企业、专精特新"小巨人"企业、隐形冠军企业、单项冠军企业等提供了服务,并在各个细分行业中积累了丰富的数智化改造经验。

通过应用本方案,企业成功实现了生产现场与虚拟现实的同步、数据的同源化、100%的数字化管理。德沃克智造方案帮助企业在多个关键指标上取得显著提升:交货期缩短25%,在制品库存下降35%,全员劳动生产率提高15%,生产辅助人员减少30%。整体而言,该方案有效提高了企业的综合资源利用率,显著提升了企业的数智化管理水平,为企业精益生产管理提供了新的思路和理念,并带来了显著的经济效益和社会效益。具体的应用案例见表12-4。

表12-4 宁波中大力德智能传动应用案例

应用企业名称:	宁波中大力德智能传动股份有限公司
主营业务	减速器、减速电机、机器人等
应用场景	通过对10240个生产要素和375个工位点进行数智化改造,覆盖了企业的采购、生产、质量、设备和仓储等业务端。以MES贯穿生产制造全过程,以自动化制造装备、AGV、自动化立体仓储设备为底层基础,同时对生产流程进行再造,构建企业数智化数据平台,推动生产全过程的数智化管理
应用效果	通过数字化转型,最终实现产品质量提升11%,库存利用率提高23%,生产透明度达到100%,产品交货期缩短15%,并顺利通过省级数字化车间项目验收

(五)市场空间

当前,在国内制造业中,制造执行系统(MES)的国产化率约为30%,而国外厂商占比高达70%的市场份额。中之杰智能自主研发的新一代MES解决方案——德沃克智造,正在积极助力工业转型,推动数智化升级,促进自主创新和国产替代。该方案将科技成果转化为实际产品,服务于广大制造业企业,推动中国制造业向高质量发展迈进。

随着物联网和工业4.0技术的深入发展,制造业企业正迎来一个智能感知的信息化时代,数字化升级成为行业发展的必然趋势。新一代信息技术正重塑制造业的形态,实现全要素、全产业链、全价值链的全面链接,以及跨产业、跨空间、跨界面的互联互通,从而突破传统产业的瓶颈。

离散型制造业的生产方式正从标准化、大批量生产向多品种、小批量、定制化方向转变。德沃克智造针对离散型制造业的数智化工厂解决方案,顺应这一变革趋势,前景广阔。

四、自主数链赋能高端海洋装备高质量交付解决方案

> **服务商简介:**
>
> 沪东中华制造(集团)有限公司(简称沪东中华)围绕"数字驱动,绿色智能"的发展理念,制定了《自主数链赋能高端海洋装备高质量交付解决方案》。该方案加强了智能制造与数字化质量管控理念的结合,以全流程、全生命周期的质量可控为目标,推行基于数字化技术的全面质量管理(TQM)体系,致力于打造具有数字化能力的高质量船舶/舰艇产品建造企业,确保国家海洋装备的高质量交付。

本方案针对船舶及离散型制造业,通过自主数链技术贯穿设计、生产、质检及供应链配套等环节,利用数字化手段驱动产品与质检体系的迭代优化,实现民用产品和型号产品的质量提升与持续改进。方案内容包括质量主业务架构、数据治理总体架构、质量支撑物联网及边缘平台架构、支撑网络架构及信息安全防护等关键部分,全面覆盖从质量策划、质量控制、质量保证到质量改进的造船业务全过程。通过实施该方案,助力沪东中华

从产品初代研发阶段向性能卓越的阶段迈进，逐步成为国内一流、世界领先的造船企业。

（一）背景需求

船舶产业链中的设计、生产、供应商以及船东之间的数据链贯通、联动与敏捷协同，一直是行业内长期面临的挑战。对于船舶等复杂钢结构的离散制造，物流运输节点、路径规划、切割质量、加工质量和焊接质量控制等方面都有严格的要求。然而，传统的质量管理模式通常依赖于抽样检查、现场巡检等事后监督方式，这种模式无法及时发现和解决潜在问题，导致质量问题的发生不仅会造成经济损失，还可能影响物流供应、生产进度和整个项目的交验节点。

研发船舶数字化管理系统，旨在承载以"设计为源头、计划为主线、供应链为核心、质量为保障"的造船生产管理全流程业务。该系统能够有效提升信息化覆盖面，增加数字化渗透率，强化造船工程计划体系，并打通与设计、生产、供应商、船东等各方的业务数据链路，确保物资交货率和齐套率的稳定与提升。同时，该系统实现了对劳动价值的精准考量，通过数据化的方式提升工作效率，进一步增强企业的质量管控能力。

（二）方案优势

1. 创新优势

（1）自主创新情况

采用国产船舶设计软件 SPD 作为数据源，自主研发的船舶数字化管控系统 DMS，全面支持面向基于模型设计（Model-Based Design，MBD）的船舶建造工程，推动数字化转型。该系统集成了三维扫描数字化检验、焊缝可视化管理、数字射线探伤、AI 辅助读片、数字化模拟装配及在线监测、3D 视觉技术钢板缺陷检验及 AI 识别等创新性管理与应用，实现了船舶建造全过程的精准管控。系统涵盖从质量策划、质量控制、质量保证到质量改进的造船业务全流程，具体案例如图 12-6 所示。

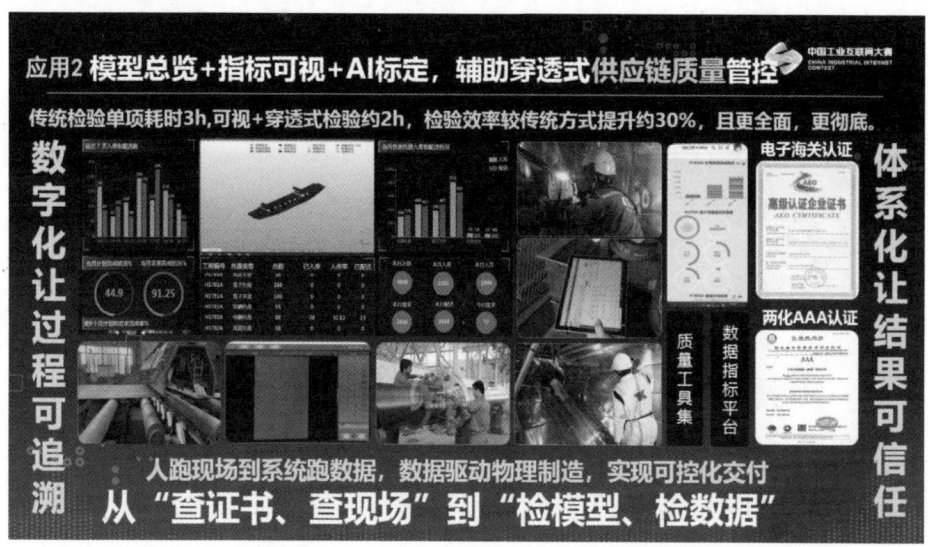

图 12-6　基于管控平台的质量应用方案实例

（2）优势和创新点

基于云原生平台架构，依托智能运维与弹性计算资源，并结合低代码平台、数据中台、物联网平台等工具，构建企业数字化核心能力，如图 12-7 所示。

建立涵盖主数据管理、编码映射、审批冻结、数据定义与集成、数据源字典等治理功能的体系，确保数据操作的规范化以及数据质量的可靠性，如图 12-8 所示。

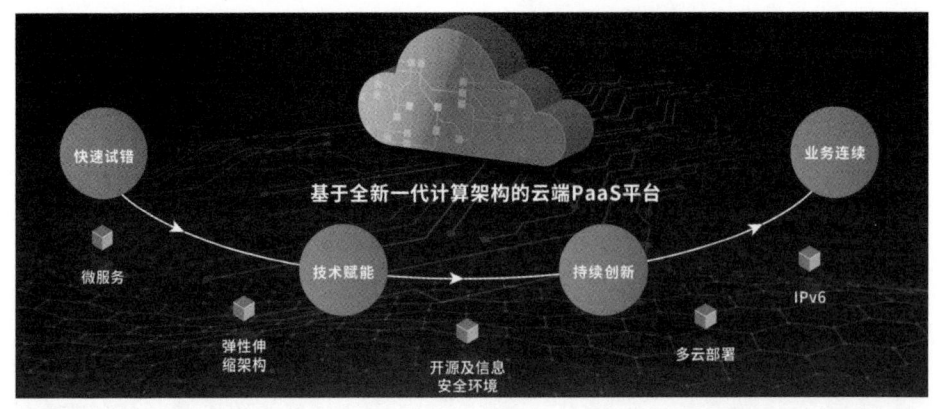

图 12-7　基于云端 PaaS 平台的船舶数字化管控架构简图

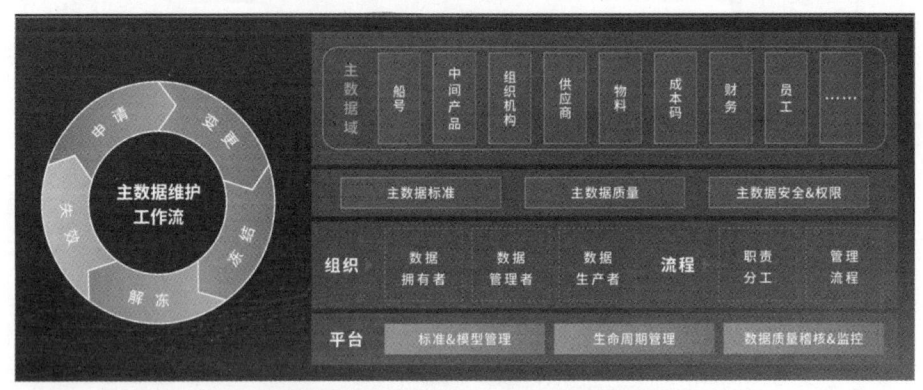

图 12-8　主数据管控功能模块简图

基于数据驱动，围绕管理业务，以标准编码体系为准则，打通平台内外部业务数据链路，实现管理"提前测、即时析、随时清、动态控"的目标，如图 12-9 所示。

2．产品化优势

（1）行业适用性

本方案主要适用于大型船舶、海工产品、钢结构、桥梁、体育场馆、装配式建筑、压力容器等高可靠性要求产品的建造过程。它有效解决了这些行业在面临"时间与空间有限、资源分布离散、资金及劳动力密集"等挑战时的质量管控和生产平衡问题。如图 12-10 所示，超大型液化天然气（LNG）船与集装箱船的质量控制点数据展示了该方案在实际应用中的成效。

图 12-9　基于数据治理的决策支持模块

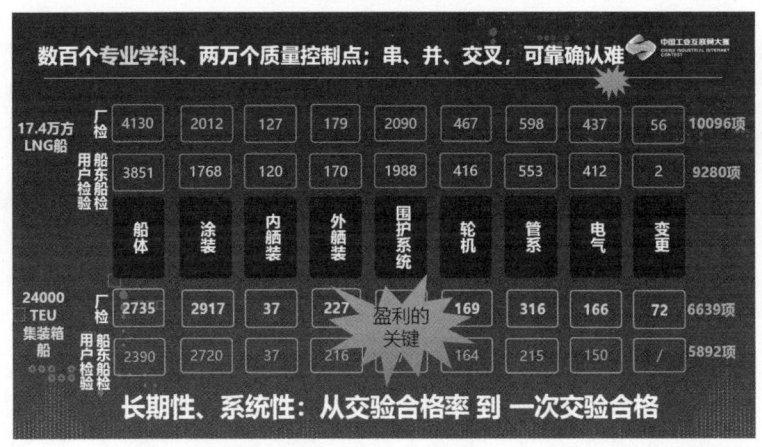

图 12-10　超大型液化天然气（LNG）船与集装箱船的质量控制点数据

（2）技术经济性

自该解决方案从研发到应用以来，已累计支持近 500 艘大型船舶的交付，经济规模超过 2635 亿元。该方案覆盖了从研发端到应用端的"订、研、设、采、产、检、交、保"全生命周期以及"购、造、检、送、结"全产业链路。近三年来，系列质量数字化方案的应用已为企业累计节约资金上亿元。

（三）主要做法

基于现代造船模式和精益制造管控思想，该解决方案全程融入了质量数字化应用场景。通过构建完善的工程计划体系，将计划逐级分解为大日程计划、中日程计划和小日程计划，并生成各阶段的层级计划，同时明确层级计划的关联与负荷要素。通过将日程计划与资源计划、报验项目、生产物资准备相结合，实现了各层计划的编制、负荷分析、任务下达和计划反馈等管理功能。核心业务版块关系图如图12-11所示。

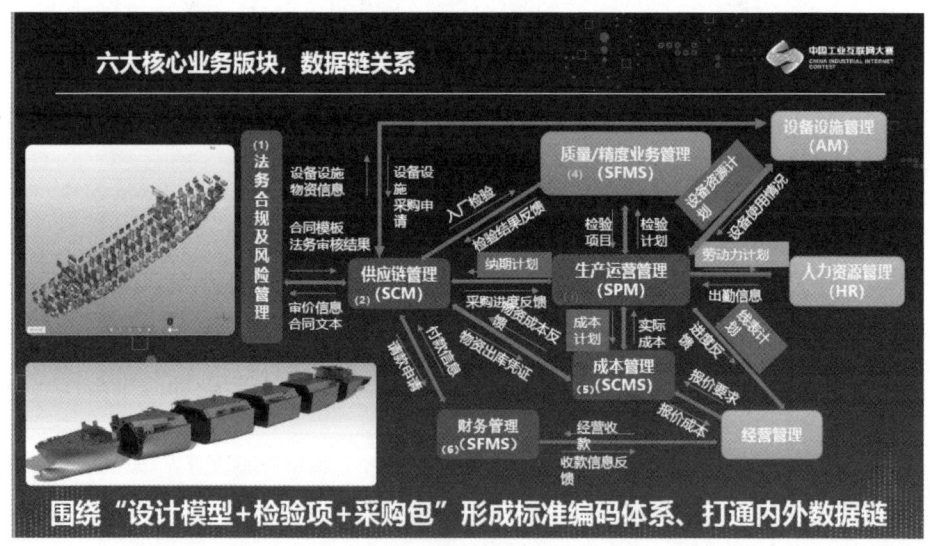

图12-11 核心业务版块关系图

通过将生产计划与任务派工、工时结算相结合，建立了造船工时管理体系。该体系基于定额测算规则，结合设计信息、定额标准和检验标准，以工程分解（WP/WO/WJ）为载体，实现定额与测算、工程变更与质量确认的关联。通过定额实动对比分析，校验生产计划的合理性，有效管控生产计划与质量。

利用设计源头提供的采购 POR 数据，结合生产计划编制物资采购计划和物资外检计划，依据需求和库存情况进行库存利用率的测算与提升。对供应商进行分类、分级与准入管理，并与供应商开展业务协同（如采购合同、生产状态等）。集成订单、合同、计划、定额、库存及生产集配情况，进行齐套率检查，按需集配，保障生产顺利进行。

应用全生命周期成本理论，通过统一成本代码，构建"成本报价→目标成本制定→采购成本控制→制造成本控制→实际成本核算→成本分析反馈控制→成本信息库"的动态成本管控体系。

依托设计下发的标准化检验项目和检验清单，实现对检验项目和内容的标准化管理，并对工厂接受检验（FAT）、入库检验、生产过程检验、焊接检验、售后服务等造船全业务、全过程的产品进行管控，确保高端海洋装备的质量可控，并按时交付。

（四）应用情况

该解决方案的服务范围覆盖了我国国内的长三角、珠三角、渤海湾以及武汉、重庆等地区，同时也扩展到了北非和东南亚等地区的船舶企业。累计服务近 300 家客户，支撑的工程经济总量超过 3000 亿元人民币。具体服务案例见表 12-5～表 12-7。

表 12-5 武昌船舶重工应用案例

应用企业名称：武昌船舶重工有限责任公司	
主营业务	海洋工程出口、桥梁和重型装备、重点军工制造
应用场景	从全流程系统层面提升造船业务管理流程，推广分段详细组立顺序、壳舾涂一体化综合工程图等技术的综合应用，强化船舶建造的前期生产策划，推进千吨大环段总组对接、分段预密性、分段扫砂跟踪补涂等先进制造技术。在系列船舶建造过程中，开展精度控制工艺优化和中间产品舾装完整性优化，推动工序前移，实现总段和总组预装的最大化，最大限度地利用资源与优势
应用效果	在"月丹"轮的建造过程中，船台吊装量从 68 吊缩减至 29 吊；推行船台总组大舾装，船台整体施工周期为 117 天，系泊周期缩短至 61 天，交船周期为 42 天，实现了下水即系泊，离厂即试航，整体建造周期得到了显著缩短

表 12-6 中船澄西船舶修造应用案例

应用企业名称：中船澄西船舶修造有限公司	
主营业务	防务、船海、应用和船海服务业
应用场景	建立从设计、计划到生产的一体化管理体系，提高造船业务信息化管理的整体水平，实现精益化、精细化管理目标。通过设计数据下发、计划编制、计划发布、实绩反馈、WP/WO/WJ 管理、App 工单派工、App 工时反馈、App 完工确认等手段，完成了设计下发、计划编制、计划下达、生产进度跟踪、工单派工至班组、工时结算至个人的闭环管理，确保生产流程的高效协同与精准控制
应用效果	实现了设计、管理和生产的一体化管理，生产数据可查可控，显著提高了实际工时的准确性。通过 App 工单派工和反馈，细化了工单派工到班组、工时结算到个人的管理颗粒度，确保了各环节的精准执行和高效协作

表 12-7 黄海造船应用案例

应用企业名称：黄海造船有限公司	
主营业务	客滚船、多用途重吊船、南极磷虾船和特种船舶建造
应用场景	通过计划、供应链、工时结算等业务应用，确保了计划的可控性、生产过程和采购过程的质量可控且可追溯。打通了业务流、资金流和信息流，全面提升了管理效率，满足了企业高速发展的需求
应用效果	拥有手持客滚船、多用途重吊船、集装箱船、远洋渔船等订单共 74 艘，总价值约 100 亿元，合同交船期已排至 2026 年

（五）市场空间

该方案基于全要素联网实时管控技术，通过精细化的派工流程将质量要求整合到工艺参数中，并与设计软件生成的指令文件相结合。以派工单等形式将任务派发至相应的工艺装备，如各类数控切割机、焊机、焊接机器人、油压弯扳机等。在设备边缘端下载相应的工艺指令以启动生产，实现主要工艺设备如"线、字、切、坡、磨、弯、焊、测"等的智能化生产。

船舶、钢结构件、压力容器、港口机械、大型体育场馆等离散型制造行业，亟须对物流及生产加工过程进行信息集成与协同管控。因此，本方案具有广阔的市场前景。秉持"以集团带动为主，行业挖掘为辅"的推广原则，打通设计制造数据链，激发产业链活力。预计全国约 500 家具有一定规模的离散型制造企业及船厂将成为潜在客户。随着全周期、全流程转型需求的增长，市场规模有望突破 100 亿元。

五、高端电子制造企业敏捷智慧质量管控整体解决方案

> **服务商简介：**
> 中电九天智能科技有限公司隶属于中国电子信息产业集团，致力于提升我国电子制造企业的工业互联网应用水平。公司整合了集团在智能制造领域的精锐资源，成为企业级工业互联网整体解决方案的供应商，专注于高端电子制造企业自主可控核心工业软件的研发、推广与实施。

本方案主要面向电子制造业，重点提供质量体系建设。秉承"采集为要、互联为基、数据为本、时效为魂"的设计理念，依托 PK-S 安全体系，结合全链质量管理理念、大数据模型和 FABOS 智能制造管理平台，提供设备物联、机理建模、质量监控、智能预警等功能。通过这些功能，方案实现了质量管控、追溯、预测、工艺优化和根因分析，全面提升了质量管理水平。

（一）背景需求

长期以来，我国的电子制造企业在推进"数字化、网络化、智能化"转型的过程中，普遍遭遇了一系列挑战，尤其是在生产执行和品质管控环节。这些问题包括，如信息化子系统过多、各系统建设标准不统一、管理模式不一致、质量数据不贯通、数据共享难等。为了应对这些挑战，电子制造企业亟须一套全链条、动态、敏捷、智慧的工业互联网全生命周期质量管理解决方案，以帮助企业实现产品质量的全方位管控、动态分析、快速反馈和智能决策。

本方案集成了行业内成熟的开源和模块化的工业互联网技术架构，能够实现跨平台、跨终端的自适应性应用。它支持制造资源的广泛连接和弹性供给，采用预防性的事前控制、事中管理和事后检验的模式，基于数据科学对海量数据进行深入分析，精准控制质量偏差。该方案重点解决电子制造企业在生产环节中的质量控制、问题分析决策、运维管理、问题回溯和追责等难题。

（二）方案优势

1. 创新优势

（1）自主创新情况

本方案基于 PKS 安全体系，参考信创安全架构，实现全国产化适配。采用微服务应用开发环境和容器化部署，支持 DevOps 持续集成与自动化部署，搭载 FABOS 平台的核心功能，包括统一身份认证、规则引擎、流程引擎、边缘计算和大数据计算等。

与传统的质量解决方案相比，本方案具有高效、灵活的客制化扩展功能，能够满足不同客户、不同层级的差异化制造质量管控需求。通过开放式的应用和数据集成服务，方案可以快速应对各种个性化需求。

（2）产品竞争力

- 采用基于 PKS 体系的松耦合工业互联网架构

本方案遵循零信任网络和最小权限设计原则，实施多层次的安全防护机制，覆盖处理器层、存储控制层和操作系统层等各环节，确保全方位的底层防护。

- 采用多样化规则引擎建模技术管理质量标准

本方案实现了多样化质量标准的可视化建模，将生产过程中的质量判定从业务应用程序中独立出来。通过这种方式，质量管理平台能够为工艺能力分析与控制执行提供坚实的理论和定量分析依据。

- 采用大数据分析技术提升质量管理体系

本方案通过大数据分析技术对关键指标的历史数据进行深入分析和科学统计，定性识别产品质量的变异类型。基于过程变异的统计规律，进行过程分析和控制，有效消除和避免系统性变异，确保生产过程趋于稳定。通过这一系列优化措施，产品质量得到了显著提升，平均质量提升超过5%。

- 采用工业大数据量化设备衰退智能反馈模型控制机实现产线智能控制

本方案采用基于工业大数据的设备衰退智能反馈机制，在设备持续运行的状态下，通过智能化手段量化评估设备的衰退情况。该机制能够实时监控设备的健康状况，提前识别潜在问题，有效预测设备故障，减少预防性维护的成本，同时确保产品的良率不受影响。

- 引入流程引擎技术实现生产质量敏捷反馈

本方案通过在线处理和实时提醒机制，逐级审核主机质量异常处理计划，从而提升质量问题处理的规范性。该方法有效地提高了质量异常处理的效率，使处理时效平均提升了70%，同时大大降低了质量异常处理的偏差，平均降低幅度达到80%。

2. 产品化优势

（1）行业适用性

本方案已在集成电路、电子元器件等电子制造业中得到广泛且成熟的应用，涵盖了面板（60%）、半导体（20%）、传统行业（20%）等多个领域。该方案主要解决了品质追溯困难、质量工作数字化和智能化等关键问题。此外，方案已成功扩展至新能源、装备制造等多个行业，并积累了多个成熟的应用场景。通过结合大数据分析和人工智能技术，方案能够对生产数据和质量数据进行融合、处理和深入挖掘，发现潜在的问题和优化点。这不仅有效提高了生产过程的可靠性，还显著提升了生产效率。

（2）技术经济性

本方案提供两种实施模式：公有云服务和企业内部私有云服务，以满足不同规模和需求的企业。对于大型项目，实施周期为1.5年，涉及400~500个人月的工作量，项目总金额为8000万~9000万元；而小型项目的实施周期较短，仅为3个月，项目金额大约为100万元。云服务模式采用开箱即用的方式，客户可快速部署并投入使用。根据不同需求，授权使用费的范围为20万~60万元。

（三）主要做法

本方案通过提取普适性的质量标准建设方案，打造了灵活可配置的质量控制建模功能和处理流程建模功能，通过高频数据的实时采集、实时监控与预警预判，实现生产制造过程的全覆盖质量管理与持续改进，为问题解决和上层决策提供全面可靠的全程数据支持。该方案帮助电子制造企业实现：

（1）构建一体化自主安全质量平台；

（2）建立完善的质量管理体系，动态监控全过程生产质量周期；

（3）实现生产质量问题的敏捷反馈，持续提升质量管理体系，实现质量闭环管理。

本方案基于工业互联网架构，涵盖边缘链接层、IaaS层、PaaS层、SaaS层，注重整体的安全性与稳定性。平台结合应用层的各功能模块，为用户提供质量问题的提前预判、快速响应和持续改善。方案架构如图12-12所示。

图 12-12 方案架构

本解决方案主要包含以下四大功能模块。

1. 企业质量控制规则及 OCAP 异常处理流程建模模块

作为解决方案的核心部分，企业质量控制规则及流程建模规则包括以下几个方面。

- 检验规则建模：通过设定与检验相关的元数据，支持检验的执行过程。
- 检验结果判定规则建模：通过自定义规则，由规则引擎根据这些规则来判定检测结果是否合格。
- 不合格品处理规则建模：主要用于定义不合格品的处理规则，如设计不合格品评审单。
- 物料清单控制规则建模：在制造过程中，物料清单是生产制造环境的重要元素。质量管理平台通过配置不同来源的生产物料清单（生产 BOM）、销售物料清单（销售 BOM）、包装物料清单（包装 BOM），并合理利用物料清单数据，控制工艺中各个环节的物料使用。
- OCAP 异常处理流程建模：OCAP（发生、纠正、避免、预防）异常处理流程是高端电子制造企业的质量异常处理标准,为制造企业提供标准化的 OCAP 处理建议。

2. 基于边缘计算的质量数据多维度智能监控模块

本模块基于边缘智能技术,旨在解决网络边缘侧的智能数据分析、智能网络控制和智能业务处理等关键问题,从而显著提升效率并降低成本。边缘计算模块通过 Edge 组件,将资源占用少、处理效率高的轻量级组件直接部署到设备等数据源头,实时对生产过程中的质量数据进行智能计算。这些计算结果随后被传输至云端进行进一步处理和分析。

3. 基于敏捷控制的质量问题闭环处理模块

基于敏捷控制的质量问题闭环处理模块旨在实现质量问题的快速响应和闭环管理,主要包括以下两大功能。

敏捷反馈控制:通过实时预警机制触发快速反馈,及时响应质量问题。平台配置各个指标值对应的应对措施,并通过多维度预警方式(如微信、短信、邮件等)向客户发送预警信号,确保及时提醒客户对在制产品质量的潜在问题做出快速响应。

处理流程控制:在发出预警的同时,平台根据预设的处理流程模型自动生成流程实例,并将其分配给相应的问题处理负责人。负责人按照系统中的处理流程逐步进行问题处理,并通过逐级上报的方式,确保问题得到有效解决。通过实时的流程控制,确保问题处理的闭环管理和及时解决,具体的闭环管理流程如图 12-13 所示。

4. 智能大数据可视化与质量分析改善模块

智能大数据可视化与质量分析改善模块通过应用聚类分析、相关分析、主成分分析、回归分析和序列分析等多种算法与工具，对平台数据进行预测性分析和决策支持。这些先进的分析算法与工具能够深入挖掘数据中的潜在规律，预测未来趋势，从而辅助企业做出更加精准的决策。此外，该模块还提供了分析结果的可视化展示功能。

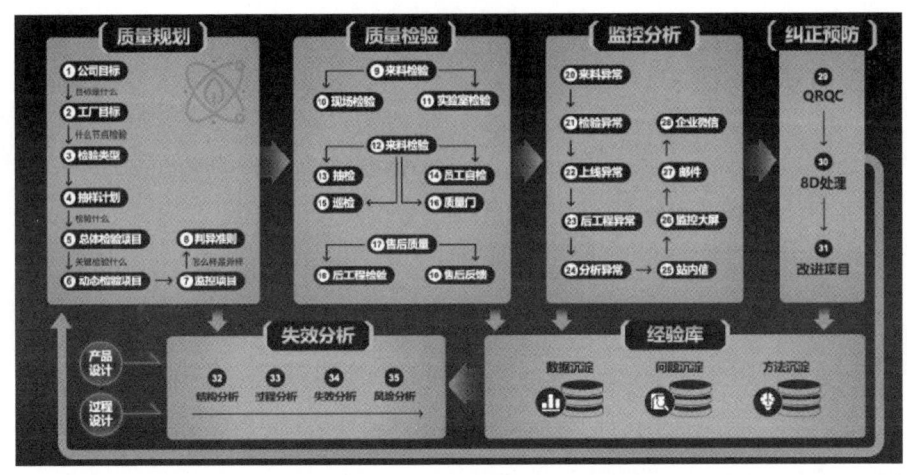

图 12-13　具体的闭环管理流程

（四）应用情况

本方案采用自动化技术采集设备及生产过程中的关键参数信息，同时整合传统的线下数据采集或导入方式。通过后台不断优化质量检测标准，增强软件服务平台的质量监管能力，推动软件质量的持续改善。该产品在高端电子制造企业的实践中，切实有效地提升了企业的产品品质，并在企业内部或外部的复制推广方面展现了良好的示范作用。

针对高端电子制造企业，本解决方案已成功应用于 10 余家企业，累计收入超过 7000 万元人民币。服务企业的产品质量平均提升超过 5%，生产效率提升超过 20%，生产成本降低超过 20%。具体应用案例见表 12-8～表 12-9。

表 12-8 上海积塔半导体应用案例

应用企业名称：	上海积塔半导体有限公司
主营业务	提供集成电路芯片设计及服务、集成电路芯片制造以及技术开发等业务
应用场景	通过收集生产各环节的数据并进行分析处理，平台实现了对在制过程的监控、在制产品质量的统计控制、设备生产性能的分析预判，以及多维度质量报表和看板的生成。经营管理者能够实时掌握生产计划及产线信息，为决策者提供数据支持，助力决策者提升全厂的生产效率与产品质量
应用效果	（1）原辅资材事故数量下降为 0； （2）发现了 6 起重大品质事故，降低生产损失； （3）产品产量从月均 98.3%提升到 98.8%

表 12-9 咸阳彩虹光电科技应用案例

应用企业名称：	咸阳彩虹光电科技有限公司
主营业务	薄膜晶体管液晶显示器（TFT-LCD）8.6 代全工序生产线，主要生产 50 英寸及以上的 TFT-LCD 显示屏等产品
应用场景	（1）通过联动协同机制对产品进行改进，避免不必要的返工，实现快速创新循环； （2）利用大数据分析技术，开发设备故障预诊断系统，提升设备综合效率； （3）通过对工艺数据、设备数据、产品定义等数据的分析，实现关联性分析、数据追溯以及质量、设备状态分析等功能
应用效果	（1）质量管理效率提升 23%； （2）人员投入成本降低 18%； （3）一年内生产损失成本节省 300 万元人民币以上

（五）市场空间

本方案契合国家政策导向，符合四川省"5+1"重点产业布局以及"十四五工业互联网与信息安全重大科技专项"的攻关方向。依托中电九天在高端电子制造企业积累的深厚用户基础，本方案展现出广阔的推广应用前景。它为电子制造企业提供包括质量标准建模、智能工业大数据采集与分析、生产制造过程质量管控以及云平台建设等一系列工业互联网应用服务，助力企业提升生产效率、产品质量与创新能力，兼具显著的经济和社会效益。目前，项目营业收入已突破 7000 万元人民币，预计项目完成后，营业收入将有望突破 5 亿元人民币。

六、混凝土搅拌行业数字化转型解决方案

> **服务商简介：**
>
> 德通智能科技股份有限公司（简称德通）在全国范围内首次成功实现了振动搅拌技术的工业化应用。公司基于对振动搅拌技术的研究与工业化应用，运用其核心技术，有效解决了混凝土微观均匀性不足和结构耐久性低等关键问题。在相关细分市场中，公司市场占有率超过 95%，处于行业领先地位。公司以振动搅拌装备、工程耐久性提升技术服务以及 5G+搅拌行业工业互联网平台为"三驾马车"，为国内外客户提供高品质产品和服务。

德通智能科技股份有限公司提供的混凝土搅拌行业数字化转型解决方案，专门针对混凝土搅拌行业普遍面临的痛点和难点，如工控系统的复杂性、质量监管的挑战性、技术服务层次的不足等。该方案专注于混凝土生产供应过程的全生命周期质量追溯，包括原材料的智能识别、生产配合比的智能监管、混凝土生产过程的监管、混凝土运输过程的监管、智能化试验检测以及现场智能化施工管理等环节，全面打造全流程的数字产业链。通过这一方案，德通智能科技股份有限公司为混凝土质量提供了坚实的保障，并助力行业实现数字化转型升级与赋能。

(一)背景需求

混凝土搅拌行业作为工程机械领域的重要组成部分,规模庞大且应用广泛。然而,该行业普遍面临一些挑战,包括信息化水平普及率不高、混凝土质量难以控制、装备智能化程度不足以及搅拌站环保标准不达标等问题。此外,混凝土具有多组分、多尺度、多项复杂物理化学反应特性,导致整个生产及施工全生命周期的质量监管和提升成为行业的痛点和难点。

(二)方案优势

1. 创新优势

(1)自主创新情况

公司依托国产芯片,自主研发了多种类型的数据采集传感器和综合数据采集 DTU 等硬件设备,实现对原材料状态、生产数据、车辆数据等的实时采集与有效分析。此外,公司还自主研发了基于 B/S 架构的数据展示平台,对采集的各类数据进行深入分析和展示,并对设备异常数据进行实时监控,实现设备的预防性维修。同时,通过数据分析对设备进行智能化调节,为客户提供精准的决策支持。

(2)产品竞争力

目前,国内外相关企业主要集中在搅拌站工控系统和 ERP 生产管理系统两个领域。前者主要实现搅拌站的自动化生产,后者侧重于搅拌站的信息化管理。然而,这二者在提升混凝土质量方面未能提供实质性的管理支持。

德通"5G+搅拌行业工业互联网平台"的混凝土质量提升体系，利用工业互联网、物联网、大数据、人工智能等新一代信息技术，以"质量提升"为核心驱动，涵盖"原材料智能识别、配合比质量监控、混凝土生产过程监管、车辆运输质量监控、试验质量监控、施工现场质量管理"等功能，打通搅拌站工控系统与信息化管理系统之间的壁垒。该平台从多个维度支持混凝土全生命周期的质量追溯，实现搅拌设备制造企业、原材料生产企业、混凝土制备企业、混凝土施工企业及政府监管部门之间的信息和数据交换以及产业资源共享，进而提高行业运营效率，加速产业"信息化、数字化、智能化"的转型升级。

2. 产品化优势

（1）行业适用性

本方案有效解决了搅拌设备运维、精益生产、混凝土质量控制、政府监管等行业面临的共性难题。它不仅适用于搅拌设备企业、混凝土生产企业、政府监管单位之间的推广和复用，还适用于原材料供应、配比设计、工程施工等相关领域，显示出广泛的适用性和适应性。

（2）技术经济性

公司投资 3000 余万元人民币建设了"5G+搅拌行业工业互联网平台"，本解决方案作为该平台的重要组成部分，在推广初期，结合公司销售的搅拌站进行配套推广，有效降低了推广成本。目前，本方案已在多个搅拌站成功应用，并提供自建服务器和云服务两种部署模式，确保现场部署周期可控。商业模式主要有两种：一是作为独立解决方案进行推广，二是采用"质量提升+利润分成"的新商业模式，客户通过此模式可以获得额外收益，并实现利润分成。

(三）主要做法

基于混凝土搅拌行业的应用需求，搭建了一个涵盖原材料、生产、运输、施工等环节的工业数据采集、存储、分析和应用的模块体系，实现了工业互联网辅助的产业链整体质量提升功能。该系统的总体架构如图11-14所示。

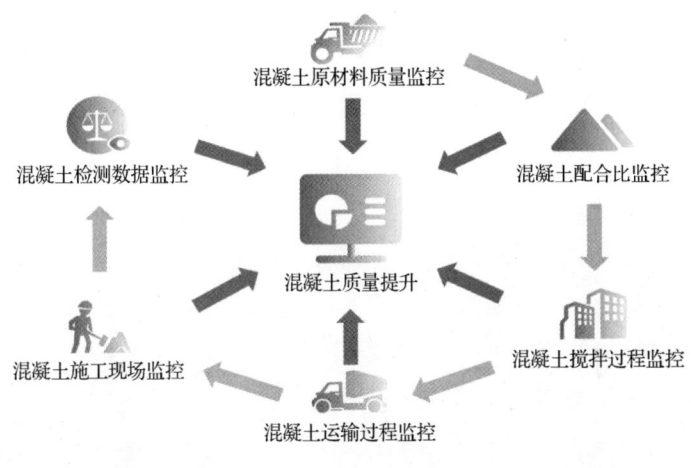

图 12-14　总体架构

主要功能模块如以下所述。

（1）搅拌设备监控系统

搅拌设备监控系统为搅拌站生产设备提供一套远程监控与运维服务。系统通过在搅拌主机和生产线上安装温度、振动、电流、液位等传感器，实现对搅拌设备运行状态的实时监测和分析。该系统能够有效降低生产故障率，提升生产效率。

（2）混凝土质量追溯系统

混凝土质量追溯系统对混凝土从原材料进场、实验室质检、生产过程、运输监管到现场浇筑防加水等多个质量监测节点的信息数据进行集成与分析。该系统打破了传统技术中存在的信息传输壁垒，解决了多个相互独立的子系统之间的信息孤岛问题，以及混凝土质量监管链条长、不易监管的问题。通过这一系统，实现了混凝土全过程质量监管数据的可追溯性，为混凝土质量管理提供了更加精细化和更高可靠性的解决方案。

（3）搅拌站精益生产管理系统

搅拌站精益生产管理系统（见图12-15）与搅拌站的ERP生产管理系统相衔接，运用商业智能（BI）可视化数据分析技术，实现对搅拌站材料进场与混凝土出站信息的全面管理。该系统具备重点场所及关键生产过程的重点监控、自动生成统计数据报表、误差超标报警提示等功能。同时，该系统与搅拌站现有的生产控制系统兼容。

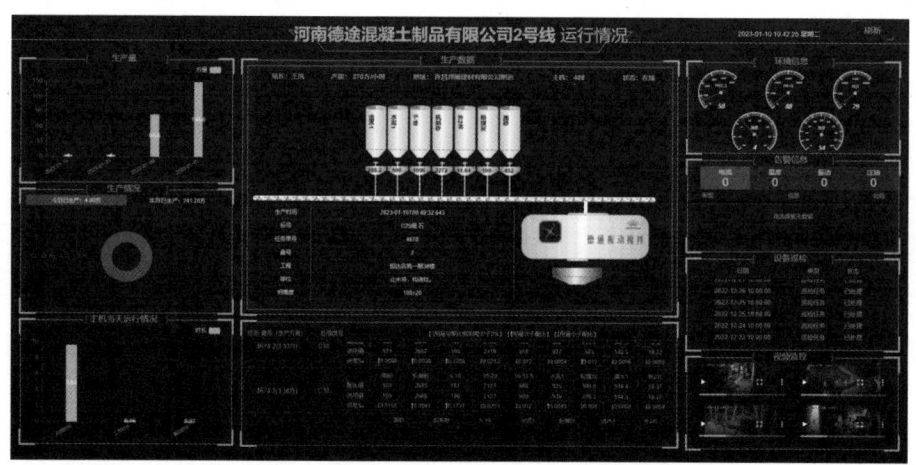

图 12-15　搅拌站精益生产管理系统

（4）搅拌站成本管控系统

搅拌站成本管控系统在搅拌站的车辆管理、人员管理以及生产过程优化等方面，通过加强生产环节的成本控制、提升配合比应用水平等多种措施，有效提高材料回收率。同时，通过对各类成本的精细化管控，为搅拌站管理者提供每日利润最大化分析，助力其实现生产管理中的降本增效。

（5）砼车运输监控系统

砼车运输监控系统对搅拌站混凝土运输车辆进行调度与监控。调度员通过操作调度界面，调配各工地的车辆数量，并监控每辆车辆的运输过程。调度中心电脑界面上直观显示工地分布图、各工地车辆运行状态图以及运送车辆的具体情况，包括运输距离、卸料时间、车辆超速情况、超时情况以及车辆运行轨迹等信息。该系统能够满足搅拌站对混凝土运输质量及车辆安全管理的监控需求。

（6）设备巡检保养系统

设备巡检保养系统的主要功能涵盖搅拌站设备的统计分析、设备管理、设备巡检、设备保养、设备维修以及备件更换等方面。通过定期开展设备巡检，能够及时掌握设备的运行状况，发现设备缺陷和安全隐患，从而确保设备安全、稳定地运行。

（7）试块电子标签管理系统

试块电子标签管理系统利用二维码或 RFID 电子标签技术，为每一块实验室试块赋码，全面记录试块的部位、强度、养护条件、取样时间等关键信息，实现样品的精准识别，避免混淆或错取。塑封后的标识可长期使用，耐用且不易损坏。该系统还结合了许昌市工业互联网标识解析二级节点功能，进一步为公众提供混凝土质量溯源公益服务。

（8）整站运营管理系统

整站运营管理系统专为国企、央企及大型上市公司设计，提供多个搅拌站的数据集成和可视化分析服务。该系统能够满足大型企业对多个搅拌站数据进行多维度、多层次分析的需求，为集团型企业提供科学的决策支持。

（四）应用情况

目前，平台已上线企业713家，设备连接数达到2163台，其中包括6家示范性智能搅拌站和18座5G宏基站。平台拥有183名技术服务人员，日均数据记录超过1200万条。项目覆盖全国31个省市。本方案已成功对接河南省交投集团数字化平台，服务于河南省高速公路13445品质工程，并已入驻鸡商高速、南邓高速、焦济高速、济新高速、豫淅高速等多个项目，提供配比监控、张拉力监控、注浆监控、视频监控、物料监控、压力机监控、万能机监控等全方位的数字化服务。具体应用案例见表12-10～表12-11。

表12-10　中交一公局应用案例

应用企业名称：	中交一公局集团有限公司
主营业务	建设工程施工；建设工程设计；工程管理服务；技术服务、技术开发、技术咨询、技术交流、技术转让、技术推广
应用场景	搅拌站混凝土配比质量数据监控、搅拌站原材质量数据监控、张拉设备数据监控、压浆设备数据监控和特种设备运行数据监控
应用效果	原材监管：生产配合比与设计配合比的一致性提高89.63%； 生产过程管理：混凝土成品合格率提高91.26%； 砼车运输过程监管：成品混凝土运输至浇筑现场合格率提高88.67%； 试块质量检测：混凝土试块数据真实性100%

表12-11　中冶交通建设应用案例

应用企业名称：	中冶交通建设集团有限公司
主营业务	建设工程施工；建设工程勘察；建设工程设计；建设工程监理；建设工程质量检测；房地产开发经营；公路工程监理
应用场景	拌和站数据采集、物料地磅数据采集、张拉数据采集、压浆数据采集、智能监控数据采集等
应用效果	原材监管：生产配合比与设计配合比的一致性提高92.06%； 生产过程管理：混凝土成品合格率提高91.76%； 砼车运输过程监管：成品混凝土运输至浇筑现场合格率提高91.68%； 试块质量检测：混凝土试块数据真实性100%

（五）市场空间

德通的"5G+搅拌行业工业互联网平台"作为新型制造系统的数字化神经中枢，在搅拌企业的智能化生产、网络化协同、个性化定制、服务化延伸以及数字化管理等转型升级过程中，发挥了核心支撑作用，促进了产业资源的聚集与整合，推动了企业的转型升级与发展。

自平台投入运行以来，已取得以下显著效益：

（1）平台带动了原材料、搅拌站及混凝土项目建设等上下游产业的交易额，规模约为100亿元人民币；

（2）吸引了我国约10%的搅拌企业（全国20万家搅拌企业）入驻平台；

（3）平台连接的工业设备数量突破了20000台；

（4）吸引了搅拌行业上下游的搅拌设备生产制造、原材供应、建筑施工、政府监管、科研院校等企业和单位1000家以上；

（5）实现了平台注册企业、开发者、学者及搅拌行业技术人员超过20000人，形成了良好的产业生态圈。

七、面向中小离散型制造企业的"自助式低成本"应用搭建方案

服务商简介：

宁波邻家网络科技有限公司成立于2011年，长期致力于二维码领域的创新与发展，参与了商品二维码、名片二维码等多个国家标准的制定，

> 并在该领域拥有 46 项软著证书。公司旗下的草料二维码平台提供二维码生成与美化、二维码系统搭建、二维码标签制作等一站式服务，满足不同企业和个人的需求。草料二维码小程序目前拥有超过 1000 万注册用户，累计访问人数突破 4.5 亿次。凭借其出色的服务质量与用户体验，草料二维码已连续两年跻身阿拉丁小程序榜单前 50 名。

本方案主要面向大量使用纸面表单的企业用户，基于微信和小程序开发，秉持"简单、够用就好"的原则，旨在使不值得高成本投入的细分场景也能够实现数字化转型。通过采用"免费+低价增值服务"的模式，有效降低企业的综合成本。用户只需通过"二维码+微信扫一扫"的方式扫码填写电子表单，一线人员无须经过培训即可轻松上手。平台搭建遵循自助式原则，草料二维码平台提供模块化功能，并配套海量模板库和丰富的社区经验，用户可以像搭建乐高一样进行拼装，轻松实现自主搭建和个性化定制。

（一）背景需求

由于生产工艺、资金投入、人员储备等各种现实问题，许多中小离散型制造企业依然依赖于人工操作，并使用纸面登记表格来管理生产、设备、人员等各个环节。为了帮助这些企业实现数字化转型，"二维码+微信扫一扫"的方法因其符合大众的操作习惯，能够以极低的成本将数字化应用渗透到企业的各个层面。这一方案能够轻松实现除"黑灯工厂"以外的其他场景的数字化，如订单流转、设备巡检、生产报工、产品介绍、售后维保等。通过二维码标签作为入口，用户只需使用微信扫一扫即可查看内容、填写信息、获取服务，并通过微信进行消息提醒，这极大地提高了便捷性。管理者则可以通过小程序工作台高效管理二维码和相关数据，逐步替代传统的纸质表格，从而提升管理和协作效率。

（二）方案优势

1. 创新优势

（1）低门槛的平台搭建

搭建者可以是办公室文员，无须具备任何 IT 技能。通过简单的功能组件拼装，搭建者就能像搭建乐高一样轻松完成二维码应用的搭建，满足自身的业务需求。同时，搭建者可以随时对已搭建的应用进行修改和调整。

（2）基于微信，零培训门槛

产品界面采用大字体和色块区分等设计方式，确保操作简便、直观，用户只需通过微信扫码即可轻松使用。为了进一步降低一线人员的使用门槛，产品提供了预设内容和批量填写等快捷录入方式，极大提升了操作效率。

（3）模板库+社区+帮助文档，降低搭建门槛

系统提供了超过 160 个官方模板、13000 多个用户模板、130 多篇经验文章和 400 多份帮助文档，极大丰富了资源库，使系统搭建变得更加简单便捷。用户在实际使用过程中遇到的问题，可以通过社区的开放式讨论和问题反馈，快速获得解决方案。

（4）批量生码+标签样式库，降低落地门槛

针对设备或人员的需求，系统提供了批量生码功能和标签样式库服务。用户只需导入 Excel 表格，即可批量生成二维码，极大提高了操作效率。此外，系统还提供了 150 多款免费标签样式。

2. 产品化优势

（1）行业适用性

本方案基于"草料二维码"平台开发，目前已有超过 1000 万注册用户和 30 多万企业类用户。该平台已在设备巡检、保养、报修、安全巡查、巡

逻巡更、隐患上报、售后维保等多个场景中得到广泛应用，并在生产制造、能源、建筑施工、物业后勤等多个行业中实现了广泛应用。

（2）技术经济性

本方案采用 SaaS 部署方式，用户无须进行研发或本地化部署，项目的搭建周期通常为几天至 2 周左右。免费版已能够满足 80% 以上用户的需求，而付费版本的费用仅为 780～16800 元人民币/年，提供更多高级功能和定制化服务，帮助用户根据实际需求提升系统的灵活性和效率。

（三）技术方案

本方案主要利用"二维码+微信扫一扫"这一简单、高效、低成本的特点，综合考虑实施、培训、一物一码标签设计与制作等环节。通过采用公有云和微服务架构中台等技术，成功实现了业务平台的搭建和用户的落地支撑。

1. 技术架构（见图 12-16）

（1）基础设施层（IaaS 层）

采用阿里云公有云服务进行部署；同时支持包括阿里云、华为云、腾讯云及用户自有机房的私有部署。通过 KubeEdge/OpenYurt 等边缘容器技术，可以快速将客户自有节点纳入 Kubernetes 容器集群，实现混合云架构。

（2）应用服务层（PaaS 层）

容器：支持 Docker 容器及 Kubernetes 容器编排。针对公有云及私有云的不同环境，通过边缘容器技术将用户的私有化节点单向纳入管理，实现私有化部署的容器化。

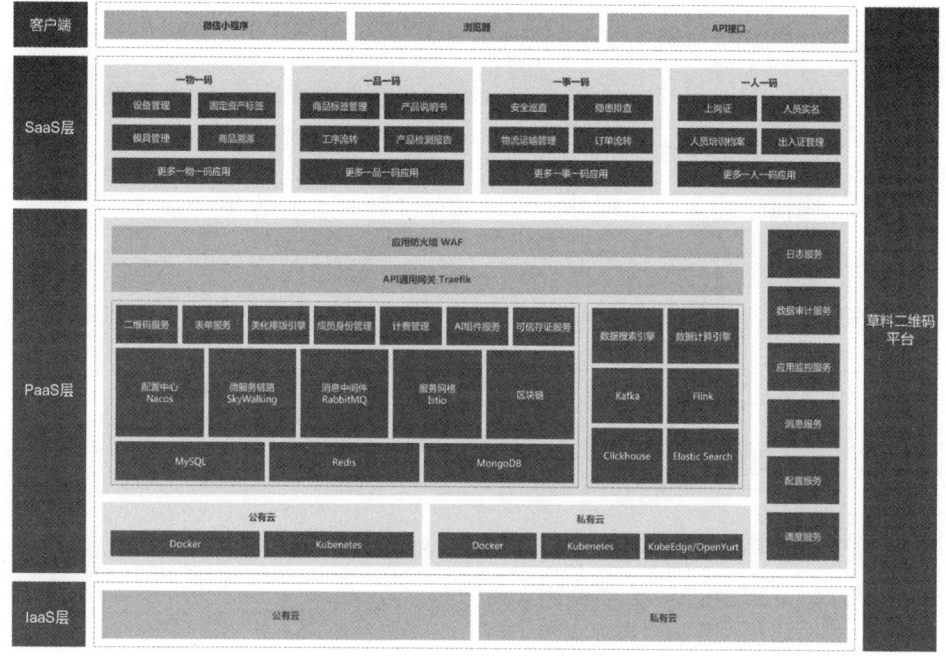

图 12-16　技术架构

微服务：包括应用防火墙、API 通用网关；二维码服务、表单服务、美化排版引擎、成员身份管理、计费管理等应用微服务。微服务架构还包括配置中心、服务网格、消息中间件等组件。

通用服务集：支持应用服务运行的通用服务，包括日志服务、数据审计服务、应用监控服务、消息服务、配置服务及调度服务。

（3）应用层（SaaS 层）

围绕二维码的落地应用场景，提供两种主流落地方案。用户可以选择从零开始组合功能模式进行搭建，也可以套用官方或用户分享的模板快速搭建。该方案适用于包括能源电力、生产制造等领域的"一物一码""一事一码""一人一码"应用。

（4）客户端

一线操作人员：通过微信、企业微信扫描二维码，进入小程序进行设备巡检、巡查巡更、人员签到等工作。

管理人员：通过 PC 浏览器以及小程序工作台进行二维码管理、数据管理、数据分析等工作。

除上述描述的 4 层架构外，通过草料二维码平台的开放 API 和数据库同步服务，用户可以将二维码批量生成、管理、美化排版以及表单记录数据管理等功能快速集成到已有的 ERP、MES 等信息系统中，快速实现数据的双向同步，支持更复杂、更丰富的功能。

2. 技术实现路径

根据市场需求调研结果，技术实现分为三个阶段，目前已经完成了前两个阶段的技术研发，第三阶段的服务正在研发中。

（1）实现以公有云为基础的二维码服务平台

以公有云资源为基础，采用容器化技术作为底层技术中台，构建业务中台和数据中台的基本服务。在应用层，平台通过提供满足不同行业和场景的二维码解决方案模板，支持业务功能的实现；在客户端，以微信和企业微信作为扫码载体，PC 浏览器作为搭建载体，确保业务顺利落地。

（2）实现以 API 为连接的开放二维码服务平台

在第一阶段的基础上，平台将二维码生码、制码、美化、表单记录数据的增删改查等基础功能通过 API 的方式开放，实现二维码系统与其他系统的无缝连接，进一步提升平台的开放性和可集成性。

（3）实现公有云+私有云的二维码服务平台

在第二阶段的基础上，平台将业务中台、数据中台、技术中台等完整能力通过容器化技术进行整体打包，提供完整的私有化部署方案，满足用户对于数据隐私、定制化部署的需求，实现更高安全性和灵活性的服务保障。

（四）应用情况

自 2015 年至今，经过几年的研发迭代，草料二维码平台已为 30 多万家生产制造、物流运输、能源行业用户提供了一物一码零代码应用搭建服务。该平台帮助企业在无须 IT 人员支持、一线操作人员信息化能力一般的情况下，轻松打造符合自身需求的数字化应用系统，有效取代了传统的纸质记录表。

截至 2023 年年底，生产类企业的累计订阅用户数已突破千家，涵盖汽车零配件、机械设备、电子器件、机电产品、仪表仪器、材料等多个行业。平台的建码数量已达到数十万个，记录数据超过 1000 万条。部分二维码已采用区块链技术进行存证，目前已统计几百万条存证数据，并且每日自动上链约万条。具体应用案例见表 12-12～表 12-13。

表 12-12 邦迪汽车系统应用案例

应用企业名称：邦迪汽车系统（上海）有限公司烟台分公司	
主营业务	汽车配件、饰品等汽车产品经营
应用场景	通过二维码搭建运输流程跟踪系统，从货物出仓到送达的各个环节，相关工作人员通过扫码记录货物流转和接收信息，从而实现货物进度信息的实时上传与共享。在此基础上，借助拍照水印、区块链等技术手段，确保上传信息的真实性与不可篡改性，有效减少丢货、缺货等问题的发生
应用效果	该企业订阅费用为 2680 元人民币/年，应用该解决方案已超过 3 年。在此期间，企业实现了零部署成本和零培训成本。落地实施后，企业每年节省数十万元的货物损失，并且在物流运输过程中，企业内部协作效率提升了 30%以上

表 12-13 广东品龙精工科技应用案例

应用企业名称：广东品龙精工科技有限公司	
主营业务	纸箱包装设备研发、设计、销售、服务
应用场景	配件管理、生产进度跟踪、质量过程管理、设备巡检
应用效果	该企业订阅费用为 16800 元人民币/年。在应用"一物一码"解决方案两年多的时间里，企业成功实现了工厂的低成本数字化管理，并优化了生产运营。与往年的历史数据对比，零部件加工时长降低了 35%以上，加工质量提升了 40%以上，投资回报率远超预期

（五）市场空间

目前，国内中小企业数量约为 340 万家。鉴于"扫码"技术的普适性以及服务的通用性，草料二维码平台成为中小企业低成本搭建二维码系统、实现数字化转型的重要选择之一。草料二维码平台现已广泛应用于设备巡检、消防安全检查、隐患排查、生产工序流转、产品宣传、资产标签、设备标牌、售后维保、会议签到、出入登记等业务场景中。若每家企业的年度付费金额为 3000 元人民币，按照全国 1% 的中小企业选择使用草料二维码平台进行估算，潜在市场规模约为 1 亿元人民币。此外，物业后勤、教育培训以及其他非工业类企业客户群体对宣传、消防安全、人员管理、资产管理等场景存在较大需求，因此整体潜在市场规模有望远超预期。

八、基于云边端的铁-钢界面智能低碳解决方案

> 服务商简介：
>
> 柳钢东信钢铁工业智能低碳转型服务团队专注于钢铁工业智能制造领域的技术创新，致力于推动工业互联网、大数据、人工智能与钢铁工业的深度融合，并在工业互联网、智能制造、低碳环保、云服务等领域持续开展创新研究和攻关。目前，团队已获得 13 项发明专利、8 项实用新型专利和 30 项软件著作权，并先后通过了 CMMI 5 级认证、ITSS 认证、CS 体系评估以及 ISO 体系认证。

本方案依托工业互联网平台，构建了一套智能铁水调度系统，旨在实现铁水调度、机车调度、路线规划和进路控制的智能化管理；结合 5G+物联网技术、智能感知和融合定位等智能驾驶技术，实现机车的无人运输；

研制铁水罐保温、自动脱挂钩、自动驻车、柔性电连接器不间断供电装置实现罐车低碳运行等核心功能，减少铁水温降、提高运输效率、提升废钢用量，实现绿色低碳，年综合经济效益显著。

（一）背景需求

钢铁产业作为制造强国的重要支柱，同时也是主要的碳排放源，占全国碳排放总量的 15%。随着"双碳"战略的持续推进，绿色低碳转型已成为钢铁行业高质量发展的必然趋势。在钢铁冶炼长流程制造过程中，铁-钢界面的铁水运输环节会产生 115～140℃/罐的温度损失。因此，实现铁-钢界面的低碳智能化是钢铁行业实现绿色低碳发展的关键任务之一。基于此，柳钢东信公司针对铁-钢界面的智能低碳需求，形成了"基于云边端的铁-钢界面智能低碳解决方案"。

该方案主要服务于钢铁、有色冶金行业，旨在实现熔融金属的全无人化铁路运输，以实现减员增效、降低温度损失、推动绿色低碳发展、智能化协同的目标。同时，该方案也服务于路外机车无人化市场，助力路外机车实现智能无人化转型发展。路外机车是指企业和地方铁路使用的机车，其主要用户群体包括矿山、能源、石化等行业。

（二）方案优势

1. 创新优势

（1）自主创新情况

自主研发了铁水智能调度系统、路径规划算法、数字孪生平台；机车无人驾驶、智能感知、融合定位技术；以及罐车柔性电连接器、自动驻车、自动脱挂钩等关键技术。在工业互联网平台、应用软件及算法、机械部分实现了全面自主可控，其中电气部分的国产化率已达到70%。

（2）产品竞争力

本方案是基于敞口罐的无人化铁水运输方案，为全国首套，具有以下创新优势：

① 实现云边端协同的全无人化铁水运输作业。

基于5G+工业互联网平台，将机车、罐车、路线等终端感知设备全面接入，边缘端搭载车载决策系统，云端研发智能调度系统，实现云边端协同的全无人化铁水运输作业。

② 实现铁-钢界面动态有序匹配的调控方案。

通过多高炉、多转炉的协同优化算法，实现铁水任务的动态生成、机车与罐车的最优匹配以及最优路径规划，确保铁-钢界面的动态有序衔接。

③ 实现多源异构数据融合的智能安全运行技术。

部署车路协同系统，利用深度学习技术实现障碍物识别与融合定位，保障铁水运输的安全运行。

④ 实现多装置协同的铁水罐车智能低碳运输技术。

研制自动脱挂钩装置实现自动连挂；研制自动驻车装置实现精准停车；研制铁水全自动保温装置减少温降；研制柔性电连接器提供可靠的电力供应。

2. 产品化优势

（1）行业适用性

本方案能够有效解决企业转型过程中所面临的诸多共性问题，包括关键信息获取困难、多设备动态调度复杂以及多工序衔接匹配难度大等，这些问题在钢铁行业中具有普遍性。此外，机车无人驾驶相关技术不仅适用于钢铁行业，还广泛应用于有色金属、矿产能源、轨道交通、物流等使用路外机车的非钢铁行业，能够为这些行业提供类似的智能化解决方案。

（2）技术经济性

本方案已完成整体研发并成功投入商用，部署周期为6~12个月。立足于"双碳"战略与智能化转型的刚性需求，该方案通过与机车生产商等合作伙伴建立研销协同的生态合作关系，不断迭代核心产品，通过多渠道推动项目落地，从而实现商业价值的有效变现。

（三）主要做法

基于云边端的铁-钢界面智能低碳解决方案专注于优化钢铁企业生产物流管理中的关键环节，特别是以炼铁高炉生产为核心环节。该方案旨在满足炼铁和炼钢生产的需求，确保铁水运输的安全、准确和准时性，并通过实现铁水运输的无人化来提升整体效率。通过实施这一方案，不仅可以增强铁水运输的能力与安全性，还能加强车辆管理和站场管理的自动化水平，从而减少人力投入和降低成本。

1. 整体架构（见图12-17）

基于云边端的铁-钢界面智能低碳解决方案，综合应用了先进自动控制、5G技术、无人驾驶、环境感知、融合定位、动态调度、工业互联网、数字孪生等一系列技术。方案由智能调度系统、智能机车系统、智能罐车系统、道口系统和既有外部接口、无线网络系统等子系统组成。

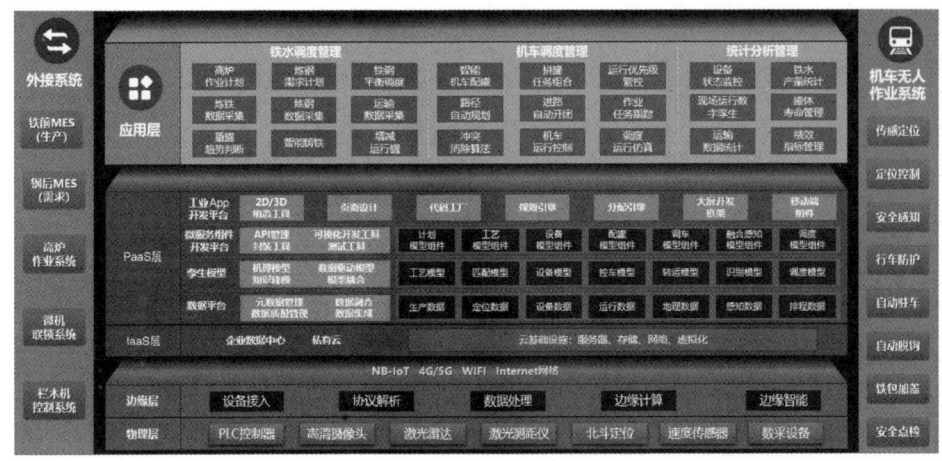

图 12-17　方案整体架构

2. 主要子系统

（1）智能调度系统（见图 12-18）

根据炼铁厂、炼钢厂的生产计划及实时生产数据，系统对铁水运输进行铁水罐的智能配罐，并生成铁水调度作业计划。同时，系统分解制定机车任务，实时展示机车、罐车及其他主要设备的状态。此外，系统接收微机联锁的道岔状态信息、路段信息、信号机信息及栏木机信息等，并下发进路排列等指令，实现无人调度机车运输罐车的功能。

（2）智能机车系统

智能机车系统包含自动驾驶控制系统、车载决策系统、车载环境感知系统、融合定位系统及控车单元，负责机车的智能化感知、无人驾驶和决策控制，并指挥自动化设备执行相应指令。

（3）智能罐车系统

智能罐车系统包含自动摘钩、自动驻车、感知系统、激光测距、控制柜、配套电池、北斗定位等自动化设备，通过这些设备实现铁水罐车的智能化和无人化作业。

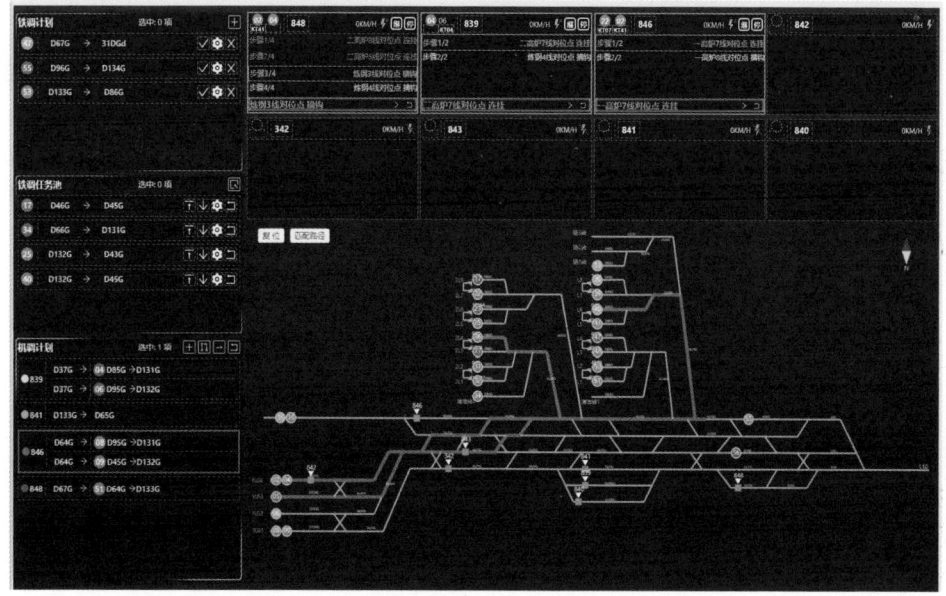

图 12-18　智能调度

（4）无人道口系统

无人道口系统包含道口障碍物检测与栏木机控制，能够自动识别现有道口的障碍物并发出预警，同时控制栏木机、道口指示灯及警报装置按照要求运作。

（5）地面环境感知系统

地面环境感知系统是一个独立的场区环境感知和监控系统，覆盖铁水运输无人化作业区域，尤其在道口、炼钢门口弯道处以及车辆和行人较多的复杂路段进行部署。该系统能够检测和识别机车运行线路上的异物，在无人化铁水运输作业过程中实现车路协同，为机车无人驾驶提供运行线路上车辆、人员等障碍物的信息，实现线路障碍物的自动识别，及时发现并预警现场作业的安全隐患。

（6）无线网络系统

在铁水运输全区域内建立无线网络，包括控制网和视频监控网。机车、敞口罐架的车载系统通过无线终端接入该网络,从而实现与铁水无人运输系统的信息交互。

本方案基于工业互联网平台,借助平台的数据采集、传输、存储、应用能力,以及 PaaS 层算法、模型和平台工具的微服务云化能力及应用开发环境管理能力,提升项目整体集成效率,缩减项目开发周期,增强系统的可扩展性,最终紧贴工业实际需求实现项目落地。

(四)应用情况

首套 5G+铁-钢界面智能低碳解决方案已在广西钢铁集团有限公司投入使用。该方案采用开口罐作为铁水转运容器,转运里程为 3 公里。通过降低温损、减少标准煤消耗、提升废钢加入量、优化人力配置、节省耐火材料等多方面的应用,按照粗钢年产量 800 万吨测算,可实现综合经济效益 8000 万元人民币,投资回报率显著。

在 2024 年至 2025 年期间,该方案全面推广至柳钢集团柳州本部生产基地和玉林中金生产基地。以柳钢集团的应用为标杆案例,在广西区域推广智能化应用,覆盖广西多个钢铁企业。在全国范围内,该方案将面向进行智能低碳转型的钢铁企业,进一步扩大国内市场的占比。具体应用案例情况见表 12-14。

表 12-14　广西钢铁集团应用案例

应用企业名称:	广西钢铁集团有限公司
主营业务	钢、铁冶炼;钢压延加工;炼焦;煤炭及制品销售;建筑用钢筋产品销售。
应用场景	在钢铁企业中,"铁-钢界面"是指炼铁与炼钢工序之间的区段,其主要功能是承接、传输、储存及缓冲炼铁高炉产出的液态铁水,并将其运输至炼钢区域的全过程。具体而言,液态铁水从炼铁高炉产出后,经铁水罐装罐,再由柴油机车运输至炼钢区域,完成从炼铁到炼钢的工序衔接

续表

应用效果	以开口罐作为铁水转盛容器、转运里程3公里的工况，按照广西钢铁粗钢年生产量800万吨测算，形成降低温损从而减少标准煤消耗、提升废钢加入量、人力优化、节省耐火材料等多方面应用成效，实现综合经济效益8000万元人民币

（五）市场空间

1. 钢铁行业市场

除了实现"双碳"目标，钢铁行业当前还面临着国家对超低排放的改造要求。本项目围绕铁-钢界面低碳减排，能够提供有效的技术解决方案。据相关统计，国内规模较大的存量钢铁企业共有89家，拥有各类机车总计667台。其中，拥有10台及以上在用机车的钢铁企业有20家，总计447台；拥有5台及以上在用机车的钢铁企业有36家，总计552台。这些企业均为本项目在发展初期的潜在大客户。

2. 路外机车市场

在国内，以地方铁路、矿山、能源企业等为代表的路外机车市场拥有约4700余台存量机车。随着"公转铁"和"水转铁"政策的推进，以及新建铁路线路的不断增加，预计每年将新增超过100台机车的市场需求。在国际市场上，我国每年有1000余台机车出口至五大洲，服务于"一带一路"倡议沿线的30个国家。

经过测算，国内路外机车市场的规模约为100亿元人民币，每年新增的市场规模为3亿元～5亿元人民币；国际市场的规模约为20亿元人民币。

九、工程机械产业链数字化转型解决方案

> **服务商简介：**
>
> 中科云谷科技有限公司（简称中科云谷）是由全球工程机械行业领军企业孵化的高新技术企业，它融合了国有科研院所的深厚底蕴和坚实的工业基因。在工业互联网、大数据、工业人工智能、物联网等前沿技术领域，中科云谷已经积累了丰富的技术经验，并致力于促进传统制造业的智能化转型。该公司为客户提供涵盖数字化管理咨询、IT架构设计、IT开发与实施、物联网与智能制造硬件、数据运营等在内的一体化解决方案。凭借卓越的技术实力和服务质量，中科云谷多次荣获国家级平台的荣誉和奖项，其高质量的服务与解决方案已经服务于超过11万家中小企业。

工程机械产业链数字化转型解决方案依托统一的IT架构和统一数据标准的工业互联网平台，打造了一个端对端的数字化协同平台。该平台通过技术协同来弥补产业链中的短板，解决产业链中的"卡脖子"问题，支持核心零部件的国产化，实现稳链。通过信息协同，提升产业链的协同效率，支撑中国新型工业化，实现强链。通过金融协同，产融结合打造国内国际双循环，实现延链。

（一）背景需求

工程机械产业链面临着周期性波动和强需求波动的双重挑战，数字化转型已成为提升产业链韧性和竞争力的关键举措。工程机械产业链数字化

转型解决方案旨在为行业提供全面支持，通过构建端对端的数字化协同平台，实现产业链上、中、下游企业的技术协同。该方案能够有效推动产业链企业间在设计、生产、销售、物流、服务等全过程的信息协同，从而显著提升企业的整体运行效率，并促进产业链上、中、下游的金融协同，最终实现稳链、强链、延链的目标。

（二）方案优势

1. 创新优势

（1）自主创新情况

本方案致力于构建自主创新的研发体系，通过实施以产品数据驱动的产业链技术协同策略，打造一个高效、准确且自主可控的研发平台。该方案采用工艺规划、一体化仿真分析和数字孪生等先进技术，有效解决了关键零部件的"卡脖子"问题，显著提升了关键零部件的国产自主化率。

（2）产品竞争力

本方案利用物联网技术连接产业链的各个环节，提高了供应链的透明度与效率。在供应链金融领域，通过实时监控设备与物流，实现产业与金融的结合。在全球营销服务领域，数字孪生平台增强了服务的主动性和管理的智能化。该解决方案在市场响应、供应链创新、全球服务等方面展现了显著优势，为客户提供了高效、智能、可靠的产品和服务。

2. 产品化优势

（1）行业适用性

本方案针对工程机械产业链面临的周期性波动和需求波动问题，通过自动化和智能化技术的应用，有效提升了生产效率和产品质量。该方案通过精细化的成本管理策略，协助企业降低运营成本，减少库存，并增强了市场适应性。该方案成熟、稳定且高效，支持跨行业横向扩展，已在农业机械、风电设备等多个行业中得到广泛应用，并具备向轨道交通、军工、航空等其他行业进一步扩展的潜力。

（2）技术经济性

本方案通过构建一个高效、灵活的端到端数字化协同平台，显著降低了研发和维护成本，同时加速了新功能的集成与迭代过程。在推广策略上，通过规模化效应显著增强了解决方案的经济性。目前，中科云谷工业互联网平台已成功服务超过11万家企业，累计融资额超过30亿元人民币，这充分展现了该解决方案的市场竞争力和行业认可度。

（三）主要做法

本方案遵循"顶层设计咨询+工业互联网平台+软硬件"的一体化路径（见图12-19）。首先，提供顶层设计咨询服务，助力企业明确数字化转型的战略方向和实施路径。其次，部署中科云谷工业互联网平台，实现设备统一接入和数据标准化，打通信息孤岛。最后，通过物联设备和大数据分析工具等软硬件支持，全面提升工程机械行业的智能化水平。

方案架构（见图12-20）以中科云谷工业互联网平台为底座，统一IT架构和数据标准，实现"拆烟囱、连孤岛"，打造多云管理的工业数据中心，确保多节点弹性供应和安全稳定。基于该平台，结合研发、制造、供应链、营销、服务等丰富的工业场景数字化转型经验，构建了数字化研发、制造运营管理、数字化供应链、智能营销和智慧服务五个端到端高端数字化协同平台。通过这些平台，促进产业链上下游企业的技术、信息、金融协同，实现机电液一体化、需求预测、智能排产、风险预测等数字应用，提升研发、制造、服务的质量和效益，增强产业链的整体竞争力。

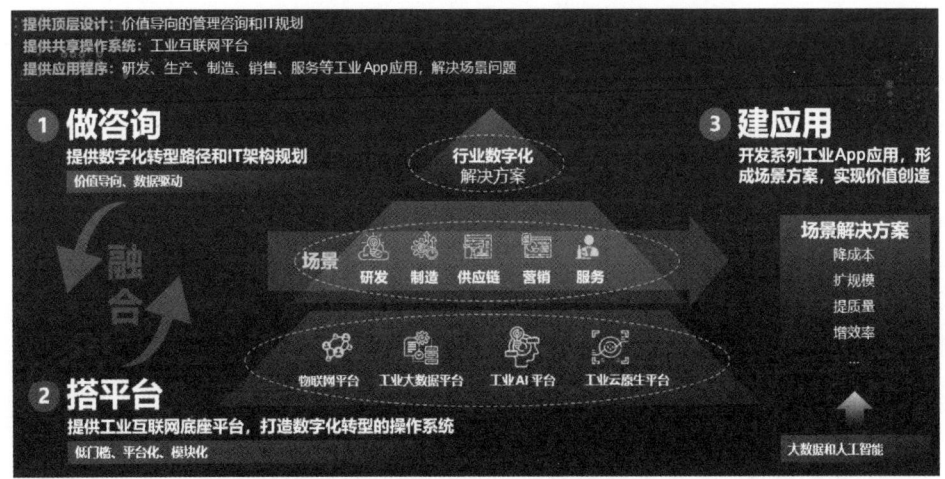

图 12-19　一体化路径

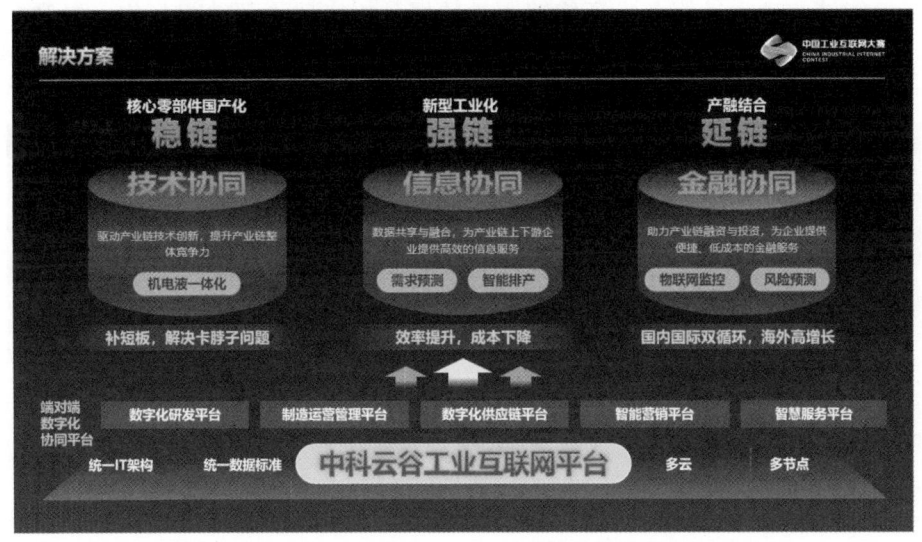

图 12-20　方案架构

主要功能 1：产品数据驱动的产业链技术协同

解决方案通过工艺规划、一体化仿真分析和数字孪生技术的协同应用，实现了对挖掘机等关键产品的深度优化，有效提升了产品的性能和质量，推动产业链技术升级。

主要功能2：市场数据驱动的产业链信息协同

解决方案借助物联互联技术，助力企业实现纵向端到端的研发、生产、销售、供应和服务一体化，以及横向端到端的上下游信息流通，显著提高了产业链的协同效率和市场响应速度。

主要功能3：工业数据驱动的供应链金融协同

通过监控设备开工率、工厂在制品率和物流运输状态，利用物联互联技术将工业数据与金融服务相结合，为产业链上的企业提供更加灵活的融资支持，促进整个产业链的健康发展。

主要功能4：基于全球营销服务数字孪生的双循环支撑

解决方案通过建立统一的全球营销服务数字孪生平台（见图12-21），不仅能够实现主动服务，还能够通过数据分析实现管理的智慧化，提升全球市场的响应速度和服务效率，助力国内国际市场"双循环"。

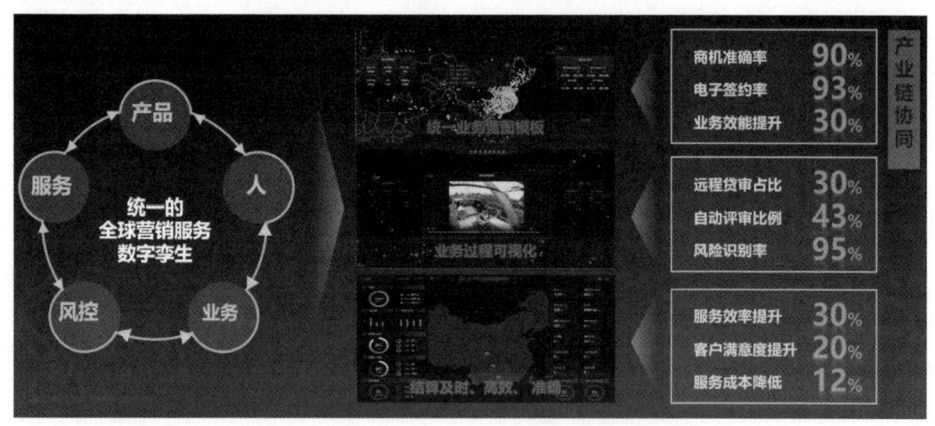

图12-21　全球营销服务应用效果图

（四）应用情况

工程机械产业链数字化转型解决方案已成功服务超过 11 万家企业，累计融资金额超过 30 亿元人民币，在工程机械行业中取得了显著的赋能成效。该方案已在湖南、上海、陕西等多个省份区域推广应用。

本解决方案通过顶层设计咨询，促进了产业链上下游的信息协同，实现了高效对接。同时，通过产业集群的协同共创，提升了整体核心竞争力，增强了产业链的韧性和竞争力，成功实现了产业链的强链。方案还构建了产业主体共生、信用环境共创和金融服务协同的机制，打造了供应链金融平台，支持实体经济，推动产融结合，有效打通国内国际双循环，延伸产业链，促进了行业的可持续发展。应用案例见表 12-15～表 12-17。

表 12-15　中联重科应用案例

应用企业名称：中联重科股份有限公司	
主营业务	主要从事工程机械、农业机械等高新技术装备及新型建筑材料的研发制造
应用场景	基于统一设备接入、统一 IT 架构和统一数据标准，全面打通研发设计、制造生产、供应链物流、销售、服务等关键环节，实现全链条端到端的数字化转型
应用效果	产品研发效率显著提升，整机物理试验减少 30%以上，研发周期缩短超过 20%。生产制造效率提升约 20%，来料批次合格率提高至 99%。交付准时率和订单配送及时率均提升超过 10%，库存成本降低超过 20%。风险识别准确率超过 90%。在服务方面，24 小时完工率提升至 87%，设备维护效率增加超过 50%

表 12-16　湖南中天意成机械应用案例

应用企业名称：湖南中天意成机械有限公司	
主营业务	涵盖工程机械、铁路设备、机器人制造、汽车配件生产、机械加工、智能装备生产与销售

续表

应用场景	针对生产协同、仓储协同、物流协同、计划协调、质量协调和设备协同等关键场景，工程机械产业链数字化转型解决方案通过打通上下游企业的数据链，实现产业链全局业务的可视互通，从而驱动高效协同与敏捷供应
应用效果	构建高效制造运营体系，实现数据网络化、业务系统化、管理智能化，并打造"一站式"供应链，实现上下游数据互通，提高协同效率。及时配送率提升约10%，库存成本降低超20%

表12-17 中国核工业第二二建设应用案例

应用企业名称：中国核工业第二二建设有限公司（简称中核二二）	
主营业务	中核二二是一家从核工程、核电工程、国防工程领域发展起来的具有建筑工程施工总承包一级资质的大型综合性建筑企业
应用场景	通过云、边、端架构，整合物联网（IoT）核心底座、应用开发、数据分析等技术，实现设备的智能连接与低门槛接入。为塔机、布料机、泵车等设备在立体空间内的密集施工提供全域空间机群的主动防撞监测及预警功能，确保施工现场的安全
应用效果	该解决方案显著提升了企业的施工安全性。通过行业首创的主动检测防撞技术和自组网技术，该方案实现了从被动预警到主动防撞的转变，大幅降低了设备在复杂施工环境中的碰撞风险。同时，结合物联网、大数据和人工智能（AI）技术，优化了工地感知数据的采集和设备运行监控，提高了设备的工作效能，促进了人机协同施工安全管理

（五）市场空间

装备制造业作为智能制造的核心领域，市场潜力巨大，预计产值将超过2万亿元人民币。工程机械产业链数字化转型解决方案已在工程机械行业取得显著成功，其积累的丰富经验可广泛应用于农业装备、风电装备等多个相关行业，助力这些行业实现从并跑到领跑的跨越发展。

十、复杂装备行业建圈强链敏捷赋能平台解决方案

> 服务商简介：
>
> 航空工业成都飞机工业（集团）有限责任公司创建于 1958 年，是我国航空武器装备研制生产和出口的主要基地，同时是民机零部件的重要制造商，属于国家重点优势企业。该公司是国内最早开启数字化发展的企业之一，也是国内第一家国家计算机集成制造系统（CIMS）工程示范性企业，以及制造业信息化科技工程应用示范企业。

当前，航空产业链面临着"造不好、管不住、协同难"等诸多问题，这些问题严重制约了产业的健康发展，同时也对供应链的战略安全产生了影响。作为区域航空制造产业链的"链长"，航空工业成都飞机工业（集团）有限责任公司持续整合并封装了公司三十余年的工业软件自主研发成果，正式发布并推出了"成飞通途"复杂装备行业建圈强链敏捷赋能平台。该平台已经在多家航空零部件及装配制造企业的产品研制全过程中实现了应用赋能，有效加速了产业链数字化转型和自主生态的构建。

（一）背景需求

航空装备制造供应链正在经历快速变革，但目前航空产业链仍面临许多挑战。数据传递不畅导致"路不通"，供应商生产质量参差不齐致使"造不好"，供应链管理难度大使得"管不住"，这些问题频繁出现。此外，供应链交付波动大、质量不稳定、响应不及时、制造成本高、协同效率低等

问题也相当突出，严重制约了航空产业的健康发展，并影响供应链的战略安全。

作为国家航空装备工业的重点企业和区域航空产业链的"链长"，航空工业成都飞机工业（集团）有限责任公司承担着"引领行业数字化转型"的使命，以"供应链体系高效管控，生态圈敏捷数字赋能"为核心任务，自主研发了名为"成飞通途"的复杂装备行业建圈强链敏捷赋能平台（以下简称"成飞通途"平台）。该平台打造出了成飞通途 CAPP、成飞通途 MES 等典型工业软件产品，基于制造本质，紧扣智能特征，为航空制造产业链提供赋能，优化布局，并积极探索航空制造产业链数字化转型生态构建的"新范式"。

（二）方案优势

1. 创新优势

（1）自主创新情况

"成飞通途"平台是国内自主研发、拥有完全自主知识产权的工业软件成果。该平台基于云原生架构，建立了以"前中后台"架构为核心的技术体系，融合了工程管理与敏捷研发、微服务架构、容器技术、DevOps、低代码开发运行等先进技术和理念。平台坚持自主可控的底座建设，同时秉持开放创新的原则，通过敏捷前台设计，支持多专业、多场景的专业化适配。此外，平台在关键技术上取得创新突破，攻克了三项关键技术难点，形成了为复杂装备供应链赋能的核心技术优势。

（2）产品竞争力

"成飞通途"平台在航空装备产业链中展现出显著的示范效果，具备强大的技术创新性和广泛的可推广性，其性能和功能优于国外同类供应链管理平台，达到了国际领先水平。该平台有利于打造更具韧性、安全可控的产业链，形成敏捷、安全、韧性、一体化的供应链管控能力，为产业链上下游企业提供敏捷赋能，助力产业链的高效协同与可持续发展。

2. 产品化优势

（1）行业适用性

"成飞通途"平台在国内率先探索了产业链数字化转型的自主生态构建模式。该平台不仅突破了国防产业数字化的瓶颈，还实现了产业链协同管控的领先示范，打破了国有企业在数字产业化方面的困境，并有效加快了产业链的数字化赋能。平台坚持自主可控和开放创新的原则，加速构建产业链协同创新生态。

（2）技术经济性

在商业模式方面，"成飞通途"平台坚持"开放合作、核心自主"的理念，着力构建一个"开放共赢、共建共享"的商业运营生态。该平台为所有供应商提供基础服务免费和赋能服务付费的模式，同时支持私有化部署和云服务订阅，满足不同客户的多样化需求，从而提升平台的市场竞争力和经济效益。

（三）主要做法

1. 整体架构

"成飞通途"平台致力于推进新一代信息技术与航空产业生态的深度融合，通过强化质量把控、资源协作与供应链协同，实现高质量、高标准的产品交付。该平台助力企业构建订单闭环，推动全流程信息化与少量有纸化的数字化生产解决方案，实现精细化管理。通过提升航空产品制造过程的协同管控能力，"成飞通途"平台保障了航空复杂装备的快速交付，增强了航空复杂装备供应链的战略安全性。此外，该平台还促进了区域航空制造产业生态的快速构建与数字化能力提升，引领航空制造产业的转型升级，推动航空制造产业链的高质量发展。

平台包含四层架构，如图 12-22 所示。

（1）**平台底座层**：坚持底座自主，确保核心技术捏在手里。坚持核心能力自主发展思路，基于云原生、前中后台架构策略，融合新一代信息技术，不断沉淀技术能力，为供应链数字化能力建设提供高效、稳定的技术底座。

（2）**开放生态层**：坚持开放创新，强化共享技术开放协作。基于自主平台底座，通过协同开发者社区、供应链应用商店等服务能力，共建技术开放、能力共享的供应链数字化协作新生态。

（3）**专业赋能层**：坚持专业发展，加速推进产业数字赋能。聚焦航空制造核心场景，依托"成飞通途"平台，打造数字化工程、数字化管理系列产品，加快专业解决方案构建。

（4）**协同管控层**：聚焦协同管控，构建产业协同生态体系。围绕基于供应链全域数据统一定义与管理、统一算法模型、全局可视化等技术，构建供应链态势全域感知模型，实现数据驱动的供应链可视化管控，打造产业协同生态体系。

2. 应用场景与成效

在供应链协同赋能方面，平台实现了从订单输入、工艺规划、原材料采购、库存管理、生产计划制定与调整、物料配送与接收、工人现场操作、执行过程检验检测、成品检验到产品交付的供应链全流程一系列核心数字化服务，实现供应链各环节的高效协同与信息贯通。

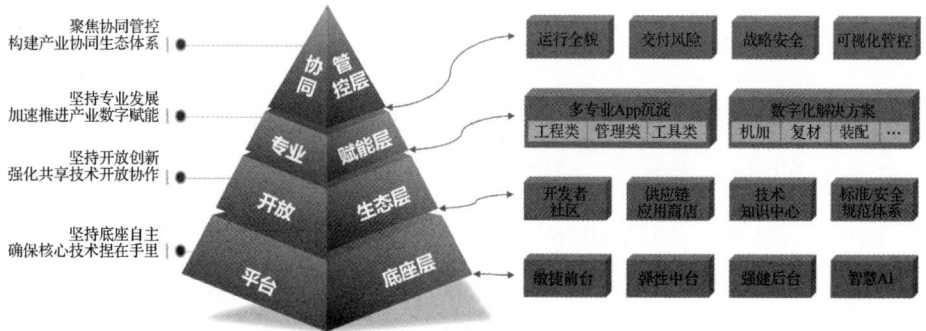

图 12-22 "成飞通途"架构

在数字化工艺设计赋能方面，涵盖程序编制、后置处理、切削仿真等工艺环节，规范了供应链企业的工艺过程，降低了对人工经验的依赖，显著提升了工艺设计效率和质量，为复杂装备制造提供了坚实的技术支撑。

在复杂装备制造运营管理赋能方面，研发了制造运行管理、基于数字孪生的管控系统等创新应用，积累了丰富的平台应用实践经验，并逐步向其他航空制造企业开放与推广，助力行业整体运营管理水平的提升。

3. 生态运作

"成飞通途"平台依托"国家级工业软件协同攻关和体验推广中心"作为关键支撑点，致力于塑造产业竞争力。该平台秉持"产业融合，生态共融"的理念，加速推动新一代信息技术与制造业的深度融合，建立了一个全面覆盖"研发、生产、管理、服务"等环节的工业软件生态系统。通过不断深化产业融合和教育融合，"成飞通途"旨在构建一个更具弹性、安全性的产业链供应链，为供应链的数字化协同发展提供强劲动力。

（四）应用情况

基于"成飞通途"平台，航空数字化供应链协同制造新模式已在相关航空产业园开展应用实践。通过方案咨询、服务订购、定制化开发等多种方式，该平台已成功赋能 20 余家高端武器制造装备供应商企业。为供应链上下游企业提供了一个安全、可靠、协同的生态圈数字赋能管控平台，加速了行业生态的构建，显著提升了主机厂对供应链企业的协同和管控能力，同时有效促进了供应链企业的整体数字化转型。应用案例见表 12-18～表 12-20。

表 12-18　中国航空规划设计研究总院应用案例

应用企业名称：中国航空规划设计研究总院有限公司	
主营业务	铁路、船舶、航空航天和其他运输设备制造业
应用场景	针对机加车间的应用场景，"成飞通途"平台能够支撑企业构建涵盖生产策划、现场执行管控、仓储物流、检验检测、高级计划排程、数据管控中心以及整体预警机制等一系列数字化能力，从而促进企业的数字化转型升级与高效运营
应用效果	平台增强了供应链的韧性与稳定性，降低了时间成本与企业运营成本。通过优化企业的生产管理模式，强化过程管理和控制，平台实现了对每个生产环节的实时监控。同时，平台促进了数据共享，增强了信息连通性，从而提高了工作效率并改善了产品质量

表 12-19　朝合普尔航空科技应用案例

应用企业名称：朝合普尔航空科技股份有限公司	
主营业务	铁路、船舶、航空航天和其他运输设备制造业
应用场景	传统的航空制造业通常依赖纸质文档和电子表格进行工艺设计与数据交换，这种方式存在诸多弊端，如信息孤岛、流程不透明以及沟通效率低下等问题。相比之下，该平台通过提供计算机辅助工艺设计、数字化加工以及生产资源管理等服务，能够有效促进信息的实时共享，从而提升整体工作效率和协同能力

续表

应用效果	该平台成功打通了航空生产制造各流程的数据链路，实现了从原材料管理、生产报工、生产过程监控、质量检测、设备管理到仓库管理等整个业务流程的全面管理和控制。通过这一平台，企业能够更加合理地安排生产计划，实时监控生产进度，优化生产工艺，降低不良品率和运营成本。同时，该平台还显著提高了企业对市场变化的响应速度，提升了制造生产运营管理的整体效率，助力企业实现精益生产的目标

表 12-20 成都永峰科技应用案例

应用企业名称：成都永峰科技有限公司	
主营业务	铁路、船舶、航空航天和其他运输设备制造业
应用场景	依托平台构建的航空产业链系列数字化赋能场景，为供应链企业提供原材料匹配、自动化生产线配置和物流资源对接等服务，全面提升生产车间的数字化水平，推动企业间订单、渠道等信息的共享，实现供应与生产的高度配合
应用效果	航空制造流程复杂，该平台有助于细化生产流程、优化生产计划，使生产计划更加高效、准确。通过平台，企业能够实时获取产品加工信息及状态，快速了解生产进度和生产状态，从而更好地掌握生产全局。同时，平台记录设备状态和检修情况，有助于提高设备管理水平，强化设备管理。此外，平台还建立了单独的产品质量跟踪记录，严格把控生产质量，实现全面质量控制，提高产品质量水平。通过增强数据的实时性与准确性，平台能够挖掘数据价值，为决策制定提供有力支持

（五）市场空间

"成飞通途"平台虽处于起步阶段，但正加速增长。立足于制造本质，紧扣智能化特征，该平台已成功实现对多家航空零部件及装配制造企业产品研制全过程的应用赋能，助力企业实现从粗放式管理模式向精益化管理模式的转变，支持企业不断向数字化、智能化转型升级，解决行业迫切需求，具有较大的市场空间。